A DUPLA FACE DOS DIREITOS FUNDAMENTAIS:

A APLICAÇÃO DOS PRINCÍPIOS DA PROIBIÇÃO DE PROTEÇÃO DEFICIENTE E DE EXCESSO DE PROIBIÇÃO NO DIREITO PENAL, ESPECIALMENTE QUANTO AOS CRIMES SEXUAIS.

Fernanda Mambrini Rudolfo

A DUPLA FACE DOS DIREITOS FUNDAMENTAIS:

A APLICAÇÃO DOS PRINCÍPIOS DA PROIBIÇÃO DE PROTEÇÃO DEFICIENTE E DE EXCESSO DE PROIBIÇÃO NO DIREITO PENAL, ESPECIALMENTE QUANTO AOS CRIMES SEXUAIS.

1ª Edição
POD

Petrópolis
KBR
2012

Edição de texto **Noga Sklar**
Editoração: **KBR**
Capa **KBR sobre imagem de Arquivo (Google)**

ISBN: 978-85-8180-051-6

KBR Editora Digital Ltda.
www.kbrdigital.com.br
atendimento@kbrdigital.com.br
55|24|2222.3491

340 — Direito

Fernanda Mambrini Rudolfo nasceu em 1985, em Floria-nópolis, SC. Graduou-se em Direito em 2007. Especiali-zou-se em direito penal e processual penal e obteve o título de Mestre em Direito na UFSC em 2011. Atualmente, ocu-pa o cargo de Técnico do Ministério Público, exercendo atividade de assessoria jurídica no Centro de Apoio Operacional Criminal. A *dupla face dos direitos fundamentais* é seu primeiro livro publicado.

Email: fernandamambrinirudolfo@gmail.com

Dedico este trabalho a todos aqueles que não se acomodam diante das noções transmitidas nas faculdades de direito; a todos que não acreditam que o direito seja apenas uma cíclica repetição de decisões infundadas; a todos que têm a força e a coragem de ir contra um senso comum moralista e bronco.

Ainda e especialmente, este livro é dedicado àqueles que me fizeram ver além das limitações inerentes ao sistema vigente e adotar uma postura ousada, porém, comedida, indo de encontro ao que nos é imposto: colegas e professores (os quais não nomearei, sob o temor de deixar de fora algum nome) e meu orientador no curso de Mestrado, Prof. Dr. Alexandre Morais da Rosa.

Sumário

"A partir de um severo questionamento físico/ existencial, decidi escrever um romance: *A revolta dos dedos*. Tratava-se de uma rebelião dos membros que pleiteavam sua própria inserção no espaço do Eu enquanto Si mesmo. Pois bem, através de brechas quânticas, reverberando o apocalíptico inconsciente coletivo, os dedos se sintonizam numa nova unidade de conjunto: os dedos em si. Sendo assim, com autonomia e consciência coletiva adquirida, os dedos do mundo passam a se desprender dos antigos corpos e passam a viver sobrevoando o planeta, formando um anel de dedos voadores. Enquanto isso, na Terra, inúmeros acidentes começam a acontecer, tragédias oceânicas, desastres nas rodovias, aviões caindo, as pessoas rastejando pelo chão, o ser humano começa a perceber a falta que o dedo faz... Ao cabo de muito sofrimento, com muito esforço, um grupo de psicólogos, xamãs e cientistas inicia uma tentativa de diálogo com a coletividade de dedos em si e através de mantras e propostas concretas de democratização das sinapses, os dedos finalmente começam a se reincorporar nas criaturas restantes. Os dedos órfãos tiveram que se contentar em ser enterrados com seus eus de origem."

(Lobão, com Claudio Tognolli, 2010)

Agradecimentos

Agradeço especialmente a Mariléia Mambrini Rudolfo e Telmo Aristeu Rudolfo, meus pais, melhores amigos e maiores exemplos, que tantas vezes me ajudaram a rever os textos, mesmo não sendo da área jurídica.

Ao Prof. Dr. Alexandre Morais da Rosa, meu orientador no curso de Mestrado, pelas opiniões e por todo o material e o tempo disponibilizados.

Ao meu chefe e aos meus colegas de trabalho no Ministério Público do Estado de Santa Catarina, por terem sido tão compreensivos nesse período e oferecido o apoio de que eu precisava.

A Marcos Dagoberto Cardoso Delavi, um grande companheiro, que diariamente me ensina a não desistir e me faz acreditar que posso tudo.

Por fim, a todos os familiares e amigos que colaboraram direta ou indiretamente para a conclusão deste estudo.

APRESENTAÇÃO

A democracia é o trajeto para consolidar os desejos do homem na procura de segurança e paz, do reconhecimento pleno de seus direitos individuais e sociais, tanto no plano em que ressalta a sua dignidade quanto naquele que representa o reconhecimento efetivo dos seus direitos. Modernamente, um princípio norteador da construção jurídica, que está na preocupação do legislador de nossos dias, é a igualdade dos cidadãos em face do ônus da vida em sociedade.

Em determinado momento no mundo jurídico, titulares de direitos divergentes entram em choque e reivindicam ao Poder Judiciário a resolução de tal conflito pelas vias constitucionais. A previsão Constitucional sobre os direitos fundamentais, usados como garantia da integridade física, mental e moral de qualquer indivíduo, afirma que todas as pessoas devem ser tratadas de forma igualitária, sem qualquer distinção, visto que todos os indivíduos possuem uma esfera intangível de direitos. Estes direitos por vezes vêm a chocar-se pela diversidade de situações cotidianas a que os indivíduos são expostos. Neste momento, expressa ou implicitamente ambientados no texto constitucional, os princípios possuem eficácia ordenadora e limitadora, servindo como paradigma hermenêutico para todas as demais regras jurídicas. Para a realização máxima dos direitos, para se compreender a unidade e estabelecer a ordenação do sistema jurídico, recorre-se ao princípio da proporcionalidade em sua mais moderna concepção, que traz em seu bojo não somente a proteção contra o excesso de proibição, mas, também, o combate da proteção deficiente por parte do aparato estatal, otimizando os Direitos Fundamentais, que devem ser realizados de forma a manter o equilíbrio dessas relações.

Os princípios consubstanciam as pautas normativas que vão orientar o conteúdo jurídico de uma determinada ordem, que legitimam, fundamentam e identificam um Estado. Além disso, para que se aplique qualquer direito fundamental em jogo, é necessário, anteriormente, demarcar os limites de atuação dos mesmos. Destarte, criaram-se os 'limites imanentes', que são as fronteiras de atuação dos direitos fundamentais, podendo estar previstos na Constituição Federal. O estabelecimento destes conflitos deve ser anterior ao conflito de direitos, visto que "só se caracteriza o conflito se a situação concreta se contiver no interior dos limites de mais um direito fundamental."[1]

A aplicação do princípio da proporcionalidade ou razoabilidade determina que o juízo atenha-se ao caso concreto, pormenorizando valores, considerações e a situação em si, estudando o grau de atuação de cada direito envolvido, devendo optar pela utilização parcial ou integral de um ou outro direito em jogo. Conforme leciona J. J. Gomes Canotilho,[2] uma eventual relação de prevalência somente se poderá determinar em face das circunstâncias concretas, pois só nestas condições é legítimo dizer que um direito tem mais peso do que o outro, ou seja, um direito prefere outro em face das condições do caso.

Paulo Bonavides[3] menciona que "debaixo de certos aspectos, a regra da proporcionalidade produz uma controvertida ascendência do juiz (executor da justiça material) sobre o legislador, sem chegar, todavia, a corroer ou abalar o princípio da separação dos poderes", ou seja, tal princípio atribui ao magistrado um campo de atuação mais alargado do que de costume, o que não significa que este tenha total discricionariedade para julgar devendo ater-se aos seus dogmas já determinados pela Constituição.

Fernanda Mambrini Rudolfo, de forma magistral e impecável, traz a lume a discussão de um conflito de interesses normativos ante a realidade social, notadamente no enfrentamento dos crimes sexuais. Conforme brilhantemente demonstrado pela autora, vê-se nos princípios da proibição, da proteção deficiente e do excesso intervencionista estatal uma forma de exigir que o Estado (Democrático de Direito)

---

1 PIOVESAN, Flávia. "Direitos sociais, econômicos e culturais e direitos civis e políticos". In *SUR – Revista Internacional de Direitos Humanos*, Ano 1, Número 1, 1º Semestre, 2004. 38/39.
2 CANOTILHO, José Joaquim Gomes. *Direito Constitucional e Teoria da Constituição*. 6 ed. Coimbra: Almedina, 1999, p. 1194.
3 BONAVIDES, Paulo. *Curso de Direito Constitucional*. 13 ed. rev. e atual. São Paulo: Malheiros Editores, 2003, p. 399.

cumpra seu papel de garantia dos direitos fundamentais, positivamente (através de ações — Estado Social) ou negativamente (mediante abstenção — Estado Liberal).

Assim, pode-se dizer que o antagonismo estabelecido entre "a proteção deficiente" e "o excesso de proibição", pela intervenção mínima, somente poderá ser superado dentro de um método de obtenção do equilíbrio entre os interesses que venham a colidir, pois sua aplicação deverá objetivar este equilíbrio entre todos os interesses em questão, sob pena de flagrante injustiça.

Mas para tal decisão ser válida no mundo jurídico, conforme se verá, deverá haver completo respeito à essência dos direitos fundamentais a serem analisados, visto que, após a tomada de decisão, o jurista (legislador ou magistrado) deverá justificar o seu posicionamento expondo motivos que o levaram a tal entendimento, mantendo o equilíbrio na restauração da ofensa.

O princípio da proporcionalidade abordado neste trabalho traz consigo as subdivisões que norteiam o juiz no momento de estudo da colisão, na resolução dos conflitos existentes entre direitos fundamentais — sendo os subprincípios da pertinência ou adequação, da necessidade e da proporcionalidade *stricto sensu*.

Demonstra-se a existência de um equilíbrio de valores com a única finalidade de que se busque a proporcionalidade propriamente dita, devendo verificar se a medida trará mais prejuízos ou benefícios.

Por fim, Fernanda Mambrini Rudolfo em profundo debate lança a reflexão quanto à aplicação dos princípios da proibição de excesso de proibição e de proteção deficiente contra os crimes sexuais, estabelecendo a obrigação estatal de exercer o papel de garante, que teria sido desrespeitado, por exemplo, no caso da tipificação das condutas delitivas de estupro e outro ato libidinoso em um único artigo, abrindo um contexto interpretativo de conexão vaga, suscetível de grande desequilíbrio à ordem social. A questão é posta como preocupação necessária à preservação dos interesses envolvidos, onde são analisados os direitos fundamentais possivelmente afetados ao evitar-se incorrer no "excesso de proibição" ou na "proteção deficiente". E, assim, a Justiça se equilibrará pela necessidade de definir qual a atitude do Estado em defesa da liberdade individual, da integridade e liberdade sexual, da dignidade da pessoa humana, seria a mais adequada nos termos estabelecidos pela Constituição Federal de 1988.

Embora de difícil delimitação, é essencial que a doutrina e a jurisprudência fixem os parâmetros para que seja adotado o princípio da proporcionalidade também em favor da sociedade, ou seja, como instrumento norteador da admissibilidade da proibição da proteção deficiente, dispondo-se a corrigir situações conflitantes.

Onofre José Carvalho Agostini, Promotor de Justiça, Coordenador do Centro de Apoio Operacional Criminal do Ministério Público do Estado de Santa Catarina. Graduado em Direito pela UFSC, pós-graduado em Segurança Social pelo IBPEX, certificado pela UFPR. Pós-graduado em Direito Processual Penal pela Escola do Ministério Público de Santa Catarina, certificado pela UNIVALI. Ex-professor da Universidade do Planalto Catarinense — UNIPLAC e da Escola do Ministério Público de Santa Catarina.

Introdução

Este trabalho visa enfrentar o tema da seletividade do sistema penal, ciente de que o poder punitivo sempre discriminou, de forma quantitativa e qualitativa.

Sabe-se que é recorrente a escolha de "inimigos" utilizando parâmetros absolutamente equivocados, como o perigo que determinada pessoa oferece à sociedade.

Recorre-se, desta feita, à criminalização e ao encarceramento como solução paradoxal para os problemas observados no ordenamento jurídico-social, quando, na verdade, o Estado (Democrático de Direito) tem o dever de assegurar aos cidadãos os direitos fundamentais, seja por meios positivos ou negativos.

Não há dúvida de que tal proteção também deve ser exercida por meio da (des)criminalização de condutas, mas, para atingir tal objetivo, é necessário levar em consideração os princípios da proibição de excesso (*übermassverbot*) e da proibição da proteção deficiente (*untermassverbot*), inerentes ao próprio Estado Democrático de Direito. É evidente que deve haver uma proteção positiva (a *outra* face do garantismo) por parte do Estado, mas é tarefa árdua estabelecer os critérios que norteiam a atuação estatal e servem como base para a definição das figuras que devem ser penalmente vedadas.

Por conseguinte, temos o objetivo de verificar a aplicação dos princípios da proibição de proteção deficiente e de excesso de proibição, no sistema penal brasileiro (tanto na criminalização primária quanto na criminalização secundária), a fim de garantir a efetividade dos direitos fundamentais.

Para tanto, buscamos traçar, no primeiro capítulo, breve escorço histórico da teoria do crime, analisar a função (se existente) do Direito Penal no Estado Democrático de Direito e expor a evolução dos direitos fundamentais, bem como o duplo viés em que devem ser aplicados.

No segundo capítulo, visando introduzir os princípios que são objeto do presente trabalho, tratamos do princípio da proporcionalidade: partindo de sua origem, apresentamos conceitos e subprincípios, abordando a evolução constatada na doutrina e na jurisprudência acerca de sua interpretação, até chegarmos aos princípios da proibição de proteção deficiente e de excesso de proibição.

Por fim, no terceiro capítulo, examinamos a aplicação dos referidos princípios a situações concretas ligadas aos crimes sexuais. É importante salientar que nesse ponto não pretendemos adotar nenhum posicionamento quanto à necessidade ou à possibilidade de existir um direito penal no Estado Democrático de Direito. Por consequência, não falamos do direito penal como ofensivo aos direitos fundamentais ou, em sentido oposto, como pressuposto para sua aplicação e meio para sua defesa. O que se busca neste momento é estudar as contradições do sistema penal brasileiro, aparentemente influenciado — especialmente quanto aos crimes sexuais — pela moral, que também será abordada no terceiro capítulo, deixando de concretizar em casos específicos ambos os princípios: a proibição de proteção deficiente e de excesso de vedação.

1. Uma leitura da evolução do Direito Penal e dos Direitos Fundamentais no Estado Democrático de Direito

1.1 Teoria do crime

Inicialmente, é imprescindível destacar que não pretendemos escrever um tratado a respeito da teoria do crime, mesmo porque, diante das excelentes obras disponíveis atualmente, seria muita ambição. Visamos apenas esclarecer alguns conceitos com base na evolução da teoria do delito, de forma breve e dentro das possibilidades inerentes a um trabalho deste cunho, com o fim de definir as diretrizes através das quais se nortearão os tópicos abordados nas páginas vindouras.

Formalmente, conceitua-se crime como o ato previsto em norma penal, sob ameaça de pena; materialmente, é o comportamento que causa ou ameaça lesão a bens juridicamente tutelados; sob o enfoque analítico, prepondera o entendimento de que se trata de fato típico — ou seja, previsto em norma penal incriminadora; ilícito — vedado pelo ordenamento jurídico amplamente considerado; e culpável — elemento ligado à reprovabilidade. Todos estes conceitos, contudo, serão melhor desenvolvidos no decorrer deste trabalho.

Devemos esclarecer que compõem o fato típico: a conduta; o resultado; o nexo causal existente entre os dois; e a tipicidade, ou seja, a vedação de sua prática em norma penal. O conceito de conduta, todavia, variou muito com o transcurso do tempo, diante da evolução das teorias que pretendemos resumir adiante.

É imperativo iniciarmos pela teoria causalista, ou causal, da ação (noção clássica de delito), cujos maiores expoentes foram Franz von Liszt e Ernst von Beling. Admitia-se um conceito naturalístico de ação, entendida como uma conduta que gerasse um resultado, com nexo de causalidade; e classificava-se o crime como a ação contrária ao direito, voluntária e punível. Neste sentido, extrai-se da obra de Von Liszt, cuja edição brasileira data de 1899:

> I. Crime é o injusto contra o qual o Estado commina a pena e o injusto, quer se trate de delicto do direito civil, quer se trate do injusto criminal, isto é, do crime, é a acção culposa e contraria ao direito. 1º - D'estas definições resulta immediatamente a construcção systematica da theoria do crime. Devemos considerar o crime primeiramente como injusto, e portanto: a) como acção, b) como acção contraria ao direito, c) como acção culposa; ao que accresce d) a indagação da differença entre o injusto punível e o não punível. 2º - Além dos caracteres (necessários) do conceito do crime, os quaes em cada crime devem ser encontrados, temos de submetter a um acurado exame as formas (eventuaes), sob que o crime se pôde objectivar. Essas formas são: a) a tentativa e a consummação; b) a autoria e a cumplicidade; c) a unidade e a pluridade no crime.[4]

O conceito de ação não englobava o dolo e a culpa, que se encontravam no âmbito da culpabilidade, como se pode perceber na leitura do seguinte excerto:

> Dá-se connexão causal entre o movimento corpóreo e o resultado, quando não se pôde suppor supprimido o movimento corpóreo sem que devesse deixar de occorrer o resultado occorrido (isto é, do modo por que de facto occorreu). Si o nexo entre o movimento corpóreo e o resultado é assim necessário, dizemos que o movimento corpóreo é a causa do resultado, que este é o effeito daquelle, isto é applicamos á relação do movimento corpóreo e do resultado a categoria da causalidade (como uma forma do nosso entendimento). Desta definição seguem-se immediatamente duas conclusões do maior alcance pratico. 1.º - O resultado deve ser tambem referido ao movimento corpóreo, como causa, quando, sem as circunstancias especiaes em que a acção foi praticada ou que á acção sobrevieram, o resultado não se teria dado. O ferimento é causa da morte, ainda quando esta não

---

4   LISZT, Franz von. *Tratado de Direito Penal Allemão*. Tomo I. Rio de Janeiro: F. Briguiet & C., 1899, p. 183.

occorresse, si não fora a debilidade geral do organismo do offendido, ou si não sobreviera o incendio do hospital á offensa que em si não era mortal. 2.º - O resultado deve ser ainda referido ao movimento corpóreo, como causa, quando, sem o concurso concomitante ou posterior de outras acções humanas, o resultado não se teria dado. Especialmente não se oppõe á admissão da connexão causal a negligencia do offendido mesmo (exclusão da compensação de culpa).[5]

Por conseguinte, ao apartar a ação — de caráter objetivo — do conteúdo da vontade — subjetivo —, a teoria causalista invertia a relação entre estes dois elementos. Diante disso, Hans Welzel, precursor da teoria finalista — a qual abordaremos no momento oportuno —, faz as seguintes críticas ao causalismo:

> Sob a influência das correntes mecanicistas das ciências naturais de fins do século XIX surgiu, na mesma época, na Ciência do Direito Penal, uma doutrina que fracionou a ação em duas partes: o processo causal externo ("objetivo"), de um lado, e o conteúdo da vontade, "meramente" subjetivo, do outro. De acordo com essa doutrina, "a ação" deve ser o mero processo causal que desencadeia a vontade (o "impulso voluntário", ou a "enervação") no mundo exterior (efeito da vontade), independentemente de que o autor tenha querido ou possa sequer prevê-lo (conteúdo da vontade).
>
> (...)
>
> O defeito fundamental da teoria da ação causal consiste no fato de que não apenas desconhece a função absolutamente constitutiva da vontade, como fator de direção da ação, mas também destrói e converte a ação em um mero processo causal desencadeado por um ato voluntário *qualquer* ("ato voluntário").[6]

Da mesma forma, Claus Roxin, a quem também dedicaremos maior atenção adiante, critica a amplitude do tipo, diante da consideração de todas as condições que contribuem para o resultado típico — equivalência dos antecedentes causais ou *conditio sine qua non*, que permite o que se denomina *regressus ad infinitum* —, conforme se infere da transcrição abaixo:

---

5 Idem, pp. 201-202.
6 WELZEL, Hans. *O novo sistema jurídico-penal: uma introdução à doutrina da ação finalista*. São Paulo: Revista dos Tribunais, 2009, pp. 36-38.

O sistema jurídico-penal "clássico" alemão, desenvolvido na virada do século principalmente por *Liszt* e *Beling*, fundamentava o tipo no conceito de causalidade. Considerava-se realizado o tipo toda vez que alguém constituía uma condição para o resultado nele previsto, ou seja, toda vez em que alguém causava este resultado, no sentido da teoria da equivalência dos antecedentes. Acabava o tipo, assim, com uma grande extensão (...).[7]

Com base na teoria causalista, desenvolveu-se o conceito neoclássico de conduta, influenciado pela filosofia neokantista e também conhecido como teoria teleológica do delito. Resumindo de forma breve as principais alterações conceituais, podemos destacar que o tipo passou a ser considerado *tipo de injusto*; a ação deixou de ser naturalística; conferiu-se um conceito material à antijuridicidade — danosidade social — e ligou-se a culpabilidade também à reprovabilidade.

A respeito da teoria neoclássica ou neokantista, cujos maiores expoentes foram Frank, Meyer, Radbruch, Sauer e Metzger, esclarece Eugenio Raúl Zaffaroni:

> *1. El concepto de acción del neokantismo resultaba de una construcción a la medida de los tipos, en el contexto de una teoría clasificatoria del delito, hecha para una dogmática que no tenía en cuenta el control de constitucionalidad. Era lógico que desembocase en cierta consecuencia última: las crecientes dificultades para hallar un concepto abarcativo común a todas las tipicidades legales conducía a que, finalmente, se suprimiese la acción de la base teórica del delito y la tipicidad pasase a ocupar su lugar, es decir, que se identificase acción con acción realizadora del tipo. La idea fue lanzada en 1930 por Radbruch y, con diversos fundamentos, sostenida por otros autores. Prácticamente significa dejar al delito con dos componentes: el injusto y la culpabilidad.*[8]

Não obstante admitisse, assim, elementos não objetivos no tipo penal, dando ênfase a comportamentos em detrimento de ações e tentando suprir o déficit da teoria causalista, no que concernia aos crimes

---

7 ROXIN, Claus. *Estudos de direito penal*. Rio de Janeiro: Renovar, 2008, p. 101.
8 ZAFFARONI, Eugenio Raúl. *Derecho penal: parte general*. Buenos Aires: Ediar, 2002, p. 409.

omissivos, Zaffaroni manteve o dolo e a culpa no campo da culpabilidade. Por conseguinte, diante das deficiências constatadas nas teorias acima explicitadas, surgiu o finalismo, de acordo com o qual a conduta era considerada comportamento humano voluntário psiquicamente dirigido a um fim, ou seja, o dolo e a culpa migraram para o fato típico conferindo caráter pessoal ao injusto, restando à culpabilidade apenas a reprovabilidade. Tal teoria despontou com Hans Welzel na década de 1930, mas seu apogeu ocorreu na Europa por volta de 1945, coincidindo com o fim da Segunda Guerra Mundial.

No prólogo da obra *O novo sistema jurídico-penal* o autor esclarece as razões do deslocamento do dolo e da culpa através de um exemplo bastante elucidativo, razão pela qual consideramos interessante sua transcrição:

> No que diz respeito às *estruturas lógico-objetivas*, que pertencem a esse lugar e, especialmente, à afirmação de que o Direito Penal está vinculado à *estrutura final da ação*, necessito apenas referir-me a um fato conhecido por todos: do mesmo modo que o Direito não pode ordenar às mulheres que acelerem a gestação e que aos seis meses deem à luz crianças saudáveis, não pode proibir-lhes que sofram abortos. Pode exigir-lhes, ao contrário, que se *comportem* de modo que não se produza nenhum aborto e pode proibir-lhes que *provoquem* abortos. As normas do Direito não podem ordenar ou proibir menos processos causais, mas apenas atos dirigidos finalisticamente (consequentemente, ações) ou a omissão de tais atos. Desse fato ⁻ a meu ver dificilmente discutível ⁻ deriva-se tudo o mais por si mesmo. O substrato de regulação do Direito é completamente desconhecido, se se considera "primeiro" a ação como um processo causal cego e só *depois* (na culpabilidade) se acrescenta a *vontade*, quando esta última pode ser apenas um fenômeno subjetivo acompanhante, um "reflexo", mas já não pode ser um fator configurante da ação.[9]

Ainda a respeito da migração, o autor justifica a decisão por meio da comparação entre crimes tentados e consumados, esclarecendo que não se esvazia o conteúdo da culpabilidade, vejamos:

> O dolo é, sem dúvida alguma, um elemento do tipo, sem o qual

---

9 WELZEL, H. *Op. Cit.,* pp. 10-12.

não pode ser constatada a tipicidade do acontecer externo. O dolo é, por isso, segundo a doutrina dominante, um elemento subjetivo do injusto na tentativa. A consequência lógica disso deveria ser — indo mais além da opinião dominante — a de, se o dolo pertence ao tipo e não apenas à culpabilidade na *tentativa*, deve conservar a mesma função quando a tentativa passa à consumação.[10]

Com a inclusão do dolo no tipo, não se retira deste nenhum elemento *objetivo*, nem fica, portanto, sequer subjetivado; por outro lado, o objeto da reprovabilidade da culpabilidade não fica reduzido em absoluto, porque a atitude subjetiva do autor em relação ao fato é um elemento constitutivo da reprovabilidade (vide Capítulo 8, n. 8.1.1); com isso se destaca claramente, porém, todo o conteúdo objetivo e subjetivo da ação típica, assim como a essência e os elementos constitutivos da culpabilidade. Nos delitos *culposos*, a culpabilidade fica complemente livre de elementos estranhos ao se incluir a infração do cuidado devido no tipo; ao mesmo tempo, com o traslado do desvalor da ação, ficam constituídos o tipo e a antijuridicidade. O suposto "esvaziamento do conceito de culpabilidade" é, na realidade, sua *depuração* de elementos estranhos.[11]

Claus Roxin — que combateu a extensão antes conferida ao crime pelo causalismo —, diante da equivalência de todas as causas que ensejassem determinado resultado, elogiou os avanços produzidos pela teoria *finalista*, especialmente no que concerne ao caráter subjetivo do tipo penal. A propósito:

> Contra esse sistema, levantou-se, por volta da década de 1930, a teoria finalista da ação, fundada principalmente por Welzel, que vê a essência da ação humana não no puro fenômeno natural da causação, e sim no direcionamento, guiado pela vontade humana, de um curso causal no sentido de um determinado fim antes tomado em vista. Esta compreensão da conduta como um ato finalístico, orientado a um objetivo, evita consideravelmente o regressus ad infinitum da teoria causal da ação, eis que, ao contrário dela, já analisa o dolo no nível do tipo, como a parte subjetiva deste. Em virtude disso, o posicionamento do dolo no tipo é aceito quase unanimemente pela ciência jurídica

---

10 Idem, pp. 74-75.
11 Idem, p.100.

alemã.[12]

Todavia, cabe destacar desde já as ressalvas feitas pelo autor quanto à *finalidade* como sinônimo de desvalor da ação, quando se trataria, na sua concepção, de apenas um dos fatores que caracterizam o injusto penal. A este respeito:

> Primeiramente, o finalismo contribuiu de modo decisivo para o descobrimento do desvalor da ação enquanto um elemento constitutivo do injusto penal, e para a delimitação da culpabilidade e de outros pressupostos da responsabilidade penal. Está claro que a finalidade é somente um fator entre os vários que determinam o injusto penal. Além disso, compreende ela apenas parte do desvalor da ação, porque este consiste principalmente na criação de um risco não permitido, que independe dos fins do autor. Mas, de qualquer maneira, o finalismo enxergou corretamente que a representação e os fins do autor têm um papel importante na determinação do injusto. Isso vale também para os delitos omissivos e, como demonstrou de modo especialmente convincente Struensee, igualmente para o delitos culposos.[13]

Não obstante tenha sofrido algumas críticas, justamente no tocante aos crimes praticados mediante culpa, a teoria finalista visava também a abrangê-los, como esclarece Welzel:

> A estrutura concreta da ação passa a ocupar também com isso o centro da relevância jurídica nos delitos culposos. Assim como nos delitos dolosos a tentativa foi o ponto em que fracassou a doutrina da ação causal, nos delitos culposos fracassa o *desvalor da ação*, que é determinado em razão do cuidado objetivo.[14]

Faz-se necessário destacar alguns conceitos, trazidos pelo precursor da teoria finalista, que se mostram indispensáveis à compreensão de como se caracterizaria o crime. Em primeiro lugar, o tipo penal, mero indício da antijuridicidade, é "a descrição concreta da conduta proibida (do conteúdo ou da matéria da norma). É uma figura puramente

---

12 ROXIN, C. *Op. Cit.*, p. 102.
13 Idem, pp. 59-60.
14 WELZEL, H., *Op. Cit.*, pp. 15-16.

conceitual."[15]

Já a antijuridicidade é "a contradição da realização de um tipo com o ordenamento jurídico em seu conjunto (não apenas com uma norma isolada)".[16] Veja-se que é o ato mediante o qual se realiza o tipo penal que se classifica como antijurídico, pois "não o tipo (como figura conceitual), mas tão somente sua realização pode ser antijurídica. Não há tipos antijurídicos, mas apenas realizações antijurídicas do tipo".[17]

Assim, "a antijuridicidade é sempre a reprovabilidade de um fato referido a um autor determinado. O injusto é injusto da ação referido ao autor, é injusto pessoal".[18]

O autor, que centralizou sua teoria no desvalor da conduta, descreve a finalidade como vidente e a causalidade como cega,[19] e mantém a classificação tripartite do delito (ou seja, crime é considerado o fato típico, antijurídico e culpável), mesmo após deslocar o dolo e a culpa para a tipicidade, conforme se infere do seguinte trecho:

> Uma ação converte-se em delito se infringe a ordem da comunidade de um modo previsto em um dos tipos legais e pode ser reprovável ao autor no conceito da culpabilidade. A ação tem que *infringir*, por conseguinte, de um modo *determinado* a ordem da comunidade: tem que ser "típica" e "antijurídica"; e há de ser, além disso, *reprovável* ao autor como pessoa responsável: tem que ser "culpável". *A tipicidade, a antijuridicidade e a culpabilidade são os três elementos que convertem a ação em delito.* A culpabilidade — a responsabilidade pessoal pelo fato antijurídico — pressupõe a antijuridicidade do fato, do mesmo modo que a antijuridicidade tem que estar, por sua vez, concretizada nos tipo legais. A tipicidade, a antijuridicidade e a culpabilidade estão vinculadas logicamente de tal modo que cada elemento posterior do delito pressupõe o anterior.[20]

Como ainda se abordará no presente trabalho, a teoria da ação final será cindida em mais de uma vertente, algumas das quais excluirão a culpabilidade do conceito de crime. Todavia, originalmente, o finalismo exigia a culpabilidade a fim de converter uma ação em delito, não

15 Idem, p. 56.
16 Ibidem, p. 55.
17 Ibidem, pp. 55-56.
18 Ibidem, p. 81.
19 Ibidem, p. 29.
20 Ibidem, p.51.

apenas como pressuposto para a aplicação da pena. A propósito, Hans Welzel esclarece:

> O conceito de culpabilidade acrescenta ao de ação antijurídica — tratando-se de uma ação dolosa ou não-dolosa — um novo elemento, que a transforma em delito. A antijuridicidade é, como vimos, uma relação de discordância entre a ação e o ordenamento jurídico: a realização da vontade não é como objetivamente espera o Direito que sejam as relações no âmbito social. A culpabilidade não se conforme com essa relação de discordância objetiva entre a ação e o ordenamento jurídico, mas lança sobre o autor a reprovabilidade pessoal por não haver omitido a ação antijurídica apesar de tê-la podido omitir. A culpabilidade contém, pois, dupla relação, do não *dever* ser antijurídica com o *poder* ser lícita, consiste o caráter específico de reprovabilidade da culpabilidade.[21]

O autor, falecido no ano de 1977, chegou a rebater as críticas a respeito da ausência de uma concepção social que vinham sendo feitas à teoria final da ação, conforme o trecho que segue:

> Parece estar esquecido hoje, quando se contrapõe à doutrina da ação finalista um conceito "social", que um dos propósitos fundamentais do finalismo, desde suas origens, foi a compreensão da ação como fenômeno *social*.[22]

Consoante mencionamos *en passant*, o finalismo evoluiu e ensejou mais de uma corrente, dentre as quais Claus Roxin destaca:

> Uma orientação monista-subjetiva da doutrina da ação final contempla o injusto doloso e culposo só no desvalor da ação e não concede importância à produção da lesão do bem jurídico para o injusto. Ela se inicia com *Armin Kaufmann* e, posteriormente, tem sido desenvolvida por seus discípulos, em particular por *Zielinski* e *Sancinetti*.[23]

Outra orientação dissidente, à qual é possível tecer inúmeras críticas, considera crime apenas o fato típico e antijurídico, sendo a culpa-

---

21   Ibidem, p. 94.
22   Ibidem, p. 39.
23   ROXIN, Claus. *A proteção dos bens jurídicos como função do direito penal.* Porto Alegre: Livraria do Advogado, 2009, p. 51.

bilidade mero pressuposto da aplicação de pena.

Salientamos, contudo, que diante de tal teoria até mesmo uma criança cometeria crimes, ausente apenas a possibilidade de o Estado exercer o poder punitivo. A este respeito, adotando a teoria de Hans Welzel quase de forma integral, Claus Roxin sustenta:

> Minha concepção, que sempre venho defendendo, diz: a culpabilidade, para o direito penal, é a realização do injusto apesar da idoneidade para ser destinatário de normas e da capacidade de autodeterminação que daí deve decorrer.[24]

Adepto da concepção tripartite, cuja aplicação parece ser realmente mais adequada, Cezar Bitencourt conceitua o crime:

> Além dos conhecidos conceitos *formal* (crime é toda a ação ou omissão proibida por lei, sob a ameaça de pena) e *material* (crime é a ação ou omissão que contraria os valores ou interesses do corpo social, exigindo sua proibição com a ameaça de pena), faz-se necessária a adoção de um *conceito analítico* de crime. Os conceitos formal e material são insuficientes para permitir à dogmática penal a realização de uma análise dos elementos estruturais do conceito de crime.
>
> A elaboração do *conceito analítico* começou com Carmignani (1833), embora encontre antecedentes em Deciano (1551) e Bohemero (1732). Para Carmignani, a *ação delituosa* compor-se-ia do concurso de uma *força física* e de uma *força moral*. Na força física estaria a ação executora do dano material do delito, e na força moral situar-se-ia a culpabilidade e o dano moral da infração penal.[25]

Sem desvalorizar a controvérsia acerca da definição bi ou tripartite, é importante salientar que a ideia de crime no ordenamento jurídico moderno deve ir muito além disso, tratando-se, talvez, da definição mais complexa de todo este trabalho, justamente tendo em vista o objetivo traçado quanto à aplicação dos princípios da proibição do excesso de proibição e de proteção deficiente à criminalização primária e secundária.

---

24 ROXIN, C. *Estudos...*, *op. cit.*, p. 138.
25 BITENCOURT, Cezar Roberto. *Tratado de direito penal*. Parte Geral 1. São Paulo: Saraiva, 2009, p. 220.

À luz do que já foi exposto, é possível constatar que a doutrina final da ação deixou de ser suficiente, ensejando o desenvolvimento de novos conceitos e soluções. Neste diapasão, aduz Claus Roxin:

> (...) a teoria do ilícito penal neste século, com as construções sistemáticas da teoria clássica (e, mais tarde, neoclássica) do delito, a que se seguiu historicamente a teoria finalista da ação, foram edificadas sobre os elementos basilares da causalidade ou da finalidade. Discutiu-se por bastante tempo se a causalidade, uma vez considerada elemento fundamental da realização do tipo, poderia dispensar um tratamento adequado aos delitos omissivos. Com a teoria finalista da ação surgiu ainda o problema quanto a se a culpa, constitutiva de certos tipos, poderia ser compreendida através do critério da finalidade.[26]

Surgiram, por conseguinte, teorias pós-finalistas que, em sua maioria, visam evitar a criminalização exacerbada e o inchaço do sistema penal, e que talvez não sejam abordadas com absoluta fidelidade à ordem cronológica em que surgiram, mas, sim, de forma a facilitar sua compreensão.

Relevante fazer breve menção àquela que se denomina teoria social da ação (concebida por Jescheck e Wessels), de acordo com a qual a conduta seria o comportamento humano voluntário socialmente relevante. Tal proposta se afigurou bastante interessante; entretanto, restou indefinido o conceito de *socialmente relevante*, o que lhe conferiu pouca credibilidade. Ademais, para os adeptos dessa corrente, o dolo e a culpa continuavam a integrar o tipo penal, embora devessem ser novamente analisados na culpabilidade. Portanto, muito embora visasse corrigir os problemas constatados no finalismo, a teoria da ação social não obteve êxito em conseguir muitos adeptos e difundir suas ideias.

Em seguida, devemos ressaltar o funcionalismo moderado de Claus Roxin, que acrescentou a imputação objetiva à segunda dimensão (normativa ou valorativa) do tipo penal. Sua teoria repercute na avaliação da criação ou da realização de um risco não permitido (quebra do princípio da confiança) e no alcance do tipo, tendo em vista o princípio da autorresponsabilidade. Tenta-se, novamente, resolver os problemas do finalismo, com as seguintes implicações: diminuição do risco; con-

---

26 ROXIN, C. *Estudos..., Op. Cit.*, pp. 78-79.

ceito de risco permitido; finalidade de proteção da norma de cuidado e seu significado para o critério da realização do perigo; e atribuição ao âmbito de responsabilidade de terceiros.

Na moderna teoria do tipo, a imputação objetiva confere ao tipo penal objetivo uma importância muito maior do que tinha até então,[27] muito embora dependa também de fatores subjetivos — avaliação da existência da criação não permitida de um risco, por exemplo. A teoria desenvolvida por Claus Roxin na segunda metade do século passado, dentro da concepção funcional-racional, ampliou a noção de culpabilidade. O próprio autor, que utilizou como marco a obra de Hegel,[28] esclarece da seguinte forma suas ideias:

> (...) duas ideias fundamentais da teoria da imputação objetiva. A primeira reza que um resultado só pode ser imputável se for qualificado como realização de um risco não permitido. As circunstâncias pessoais e sociais do motorista serão cuidadosamente avaliadas a fim de saber se os danos causados foram previamente considerados. O risco permitido exclui do tipo penal a conduta do motorista realizada de acordo com as regras. Na venda de tabaco acrescenta-se uma segunda ideia fundamental da imputação objetiva: o princípio, reconhecido na Alemanha, da responsabilidade pessoal de um homem adulto de tomar decisões. Quem fuma e bebe conhece as consequências maléficas para a saúde destas condutas sociais comuns. Desta maneira, as consequências da conduta do vendedor não são imputáveis a ele.[29]

A imputação objetiva, ao considerar a ação típica realização de um risco não permitido dentro do alcance do tipo, estrutura o ilícito à luz da função do direito penal. Essa teoria utiliza-se de valorações constitutivas da ação típica (risco não permitido, alcance do tipo), abstraindo-se de suas variadas manifestações ônticas.[30]

Cria-se, assim, uma teoria, que pode também ser denominada

---

27 "A teoria da imputação objetiva confere ao tipo objetivo uma importância muito maior do que ele até então tinha, tanto na concepção causal, como na final." (Idem, p. 114.)

28 "As raízes históricas espirituais da teoria da imputação objetiva remontam até a filosofia jurídica de Hegel." (Ibidem, p. 124.)

29 ROXIN, Claus. "Finalismo: um balanço entre seus méritos e deficiências". In: *Revista Brasileira de Ciências Criminais*. n. 65. mar-abr/2007, p. 18.

30 Idem. *Estudos...*, *op. cit.*, pp. 79-80.

teleológico-racional, em que a necessidade de pena faz parte da reprovabilidade, orientada pelo princípio da intervenção mínima. A este respeito, Eugênio Pacelli esclarece:

> Após alertar para os riscos do pensamento sistemático de corte dedutivo, isto é, daquele que busca as soluções de problemas concretos unicamente dentro do próprio sistema, por meio de deduções de regras gerais (até o caso particular), Roxin propõe um modelo de controle da operatividade (aplicação) do sistema penal, submetendo as soluções então oferecidas (pelo sistema) aos casos concretos ao confronto com as valorações de política criminal que o fundamental (sistema). É dizer: as escolhas feitas no âmbito da política criminal, que determinarão o modelo de Direito Penal a ser aplicado, devem compor também a própria Dogmática Penal, de modo que permitam um permanente controle do funcionamento concreto do sistema, que se veria, assim, atrelado às funções que abstratamente lhe deram origem.[31]

Justifica-se, pois, o conceito de bem jurídico como aquele indispensável à convivência social — sobre o qual se discorrerá com mais precisão no próximo item. Diante disso, impera esclarecer que a ideia de risco permitido, tão relevante para a compreensão da teoria em análise, está ligada ao princípio da confiança (de comum aplicação no direito penal de trânsito), mas deve ir muito além. Talvez a melhor definição para a teoria da imputação objetiva se encontre na seguinte transcrição:

> A teoria da imputação objetiva tenta resolver os problemas que decorrem destes e de outros grupos de casos, ainda a serem examinados. Em sua forma mais simplificada, diz ela: um resultado causado pelo agente só deve ser imputado como sua obra e preenche o tipo objetivo unicamente quando o comportamento do autor cria um risco não permitido para o objeto da ação (1), quando o risco se realiza no resultado concreto (2) e este resultado se encontra dentro do alcance do tipo (3).[32]

Luiz Flávio Gomes e Antonio García-Pablos de Molina também apresentam descrição bastante elucidativa a respeito da teoria em co-

---

31   PACELLI, Eugênio. In: BOTTINI, Pierpaolo Cruz; MENDES, Gilmar Ferreira; PACELLI, Eugênio (Coords). *Direito penal contemporâneo: questões controvertidas*. São Paulo: Saraiva, 2011, p. 87.
32   ROXIN, C. *Estudos...*, *op. cit.*, p. 104.

mento; vejamos:

> Do tipo penal passou a fazer parte a imputação objetiva (dimensão normativa do tipo), que se expressa numa dupla exigência:
> (a) só é penalmente imputável a conduta que cria ou incrementa um risco proibido (juridicamente desaprovado);
> (b) só é imputável ao agente o resultado que é decorrência direta desse risco. O comerciante que vendeu a faca não pratica fato típico nenhum porque sua conduta é criadora de risco permitido. Quem cria risco permitido não realiza nenhum fato típico. Falta a tipicidade normativa. A primeira dimensão da teoria da imputação objetiva pertence à valoração da conduta (é o critério sobre o qual reside o juízo de valoração da conduta), enquanto a segunda integra a valoração do resultado jurídico.[33]

Por outro lado, Günther Jakobs, jurista alemão contemporâneo de Claus Roxin, radicalizou a construção funcional e separou, quase totalmente, a ideia do objeto da culpabilidade e a culpabilidade em si. Tratou especialmente dos objetivos da pena, da teoria da imputabilidade penal e do conceito de culpa.

Muito embora também fale da imputação objetiva, diante da noção de risco permitido — "(...) existem comportamentos não permitidos em função do tipo de comportamento e outros que estarão permitidos só se ocorrerem condições ideais"[34] —, sua abordagem se dá sob um prisma bastante distinto. De todo modo, importa transcrever alguns excertos de sua obra a fim de enaltecer os avanços e criticar aquilo que se mostra inadmissível no ordenamento jurídico atual. Vejamos:

> 1) A vida social não pode organizar-se sem uma permissão de risco;
> 2) O permitido se rege, principalmente, pela configuração social gerada ao longo do tempo, e não por um cálculo de custo e benefícios que se possa separar do anterior;
> 3) O risco permitido exclui o tipo;
> 4) O caráter contrário à norma de uma colocação abstrata em perigo exclui, em qualquer hipótese, uma permissão de risco; as permis-

---

33 GOMES, Luiz Flávio; MOLINA, Antonio García-Pablos de. *Direito penal: parte geral*. São Paulo: Revista dos Tribunais, 2009, p. 159.
34 JAKOBS, Günther. *A imputação objetiva no direito penal*. São Paulo: Revista dos Tribunais, 2010, p. 45.

sões positivas só vigoram sob condições ideais;

5) O risco permitido só se pode determinar de modo relativo e em conformidade com o papel de quem, em cada caso, pode licitamente organizar um âmbito vital;

6) Os conhecimentos especiais não se tomarão em conta, mas existem hipóteses de organização e instituições que privam de seu caráter especial conhecimentos que são especiais nos demais casos.[35]

E mais:

1) Para manter a possibilidade de orientar-se no mundo é necessário que os danos que se produzem sejam atribuídos a determinados riscos e explicados nesse sentido;

2) A mera causalidade de um comportamento desaprovado não é suficiente como explicação, pois um comportamento não permitido pode ter efeitos causais a respeito de um resultado, tanto de modo planificável como não planificável, e, neste último caso, por meio da mera variação de riscos gerais da vida. O comportamento não permitido só constitui uma explicação a respeito dos resultados evitáveis de maneira planificável. O comportamento alternativo conforme o Direito não resulta aqui determinante;

3) Os danos derivados serão imputados quando quem intervém em segundo lugar produz o dano por erro, mas não quando atua com cegueira ante os fatos ou inclusive dolosamente;

4) A ausência de procedimentos prévios de segurança não explica um dano quando de maneira evitável o procedimento houvera resultado inútil; se por causa de um comportamento inadequado o procedimento resultasse inútil, sua adoção sim bastaria como explicação, posto que as garantias normativas não podem ser anuladas pela situação fática;

5) A explicação deve ser objeto de prova no processo. A teoria do incremento do risco, que nega isto, é internamente incoerente em si mesma e deixa de lado a diferenciação entre uma *causação* planificável e uma não planificável, o que resulta importante para efeitos de permitir a orientação.[36]

Adotou-se, desta feita, uma espécie de teoria do risco quase suprimindo a apuração do nexo causal, de forma que o normativismo superou o naturalismo dos sistemas anteriores. A propósito, segundo Pacelli:

---

35 Idem, p. 54.
36 Ibidem, pp. 94-95

Abandona-se, portanto, sobretudo em Jakobs, a problemática busca *causal* do resultado, substituída pela descoberta (dele, resultado) segundo orientações normativas, sob a perspectiva, então, de uma teoria do *risco*, tendo como ponto de partida a permissão ou proibição de criação desse risco pelo ordenamento, e a relevância da conduta do agente em relação à produção (incremento do risco) do resultado.[37]

O autor difundiu, assim, o que se denominou funcionalismo radical, em que não se evita a lesão ao bem jurídico (conforme entendimento anterior), mas às normas, ao sistema em si, como se infere do seguinte excerto:

> A contribuição que o Direito Penal presta à manutenção da configuração da sociedade e do Estado é a garantia de normas. Esta reside no fato de as expectativas indispensáveis ao funcionamento da vida social, na forma dada e na forma exigida legalmente, não precisarem ser abandonadas em caso de decepção. Por isso — contrariando, porém, a linguagem usual — pode-se definir como bem a ser protegido pelo Direito Penal a solidez das expectativas normativas essenciais ante a decepção – solidez esta que se encontra coberta pela eficácia normativa posta em prática; na sequência, esse bem será denominado bem jurídico-penal.[38]

Nesta concepção, não há espaço para a aplicação do princípio da insignificância — dando ensejo a Estados totalitários e ao direito penal do inimigo, com direitos e garantias fundamentais de pequena relevância. O direito penal do inimigo se materializa através da antecipação da punibilidade, da desproporcionalidade das penas, dos tipos de mera conduta e de perigo abstrato e da restrição de garantias processuais.[39]

Bem a propósito:

> Para além das críticas lançadas ao Direito Penal de segunda velocidade, discute-se atualmente se é admissível uma terceira velocidade, em caráter emergencial e aplicável a situações excepcionais, impondo-

---

37 PACELLI, Eugênio. In: BOTTINI, P. C.; MENDES, G. F.; PACELLI, E. (Coords.), *op. cit.*, p. 87.
38 JAKOBS, Günther. In: BOTTINI, P. C.; MENDES, G. F.; PACELLI, E. (Coords.), *Op. Cit.*, p. 9.
39 Conforme ZAFFARONI, Eugenio Raúl. *O inimigo no direito penal*. Rio de Janeiro: Revan, 2007.

-se a pena privativa de liberdade sem a observância estrita de garantias político-criminais, processuais e de regras de imputação, o que leva ao extremo a possibilidade de flexibilização ou esmaecimento de direitos individuais fundamentais.[40]

Enunciando o direito penal do inimigo, e defendendo políticas públicas de combate à criminalidade, Jakobs deu origem a uma nova teoria do direito penal — que pode ser definida como *funcionalismo sistêmico* e parte do pressuposto de que a culpa penal não é ontologicamente justificável nem pode provir de um contrato social. A *culpa é*, portanto, uma questão social, tendo em vista que a lei possui o objetivo de impor modelos de orientação obrigatórios. O direito penal tem, assim, o objetivo puro de proteger a norma e, apenas indiretamente, os direitos fundamentais.

Trata-se, na realidade, de um direito penal do autor — que pune o sujeito pelo que ele é, não pelos fatos que praticou. Não se reprova a culpabilidade do agente, mas sua periculosidade, tendo em vista a construção de um *elemento* diverso da culpabilidade. Assim, as garantias penais e processuais penais perdem espaço no ordenamento jurídico, levando a questionar a legitimidade de tal sistema.

A respeito deste equivocado conceito de culpabilidade, observe--se a crítica de Claus Roxin:

> O conceito funcional da culpabilidade de Jakobs, segundo o qual a culpabilidade e exigências de prevenção geral são idênticas, também tem sido objeto de viva discussão nos últimos anos.[41]

Permitamos, neste momento, uma pequena digressão a respeito da natureza cíclica da história: a noção de criminoso como *estrangeiro*, *anormal* ou *inimigo* vem se repetindo, cada vez com uma nova roupagem, mas com a mesma essência. Talvez em um futuro não muito distante seja estudada nas faculdades de direito a obra de Enrico Ferri, não como mera remissão à evolução dos conceitos de delito e delinquente, mas como o modelo ideal a ser aplicado. Observe-se que, não obstante o autor tenha falecido em 1929, suas ideias não são muito distintas daqui-

---

40 BECHARA, Ana Elisa Liberatore S. In: BOTTINI, P. C.; MENDES, G. F.; PACELLI, E. (Coords.), *op. cit.*, p. 164.
41 ROXIN, C. *Estudos...*, *op. cit.*, p. 143.

lo que vem sendo pregado na atualidade, de forma bastante semelhante a uma religião:

> *O criminoso é sempre um anormal.* Como se acentuou nos números 47 e 48, enquanto a Escola Clássica e a legislação por ela inspirada — Código Penal de Napoleão de 1810, ao vigente Código Penal italiano — sustentou que as normas penais, como as civis, são dirigidas a um homem médio e normal — excluídos os casos taxativamente indicados de idade menor, loucura, surdo-mudez, embriaguez — e enquanto os neoclássicos, continuam a repetir que as normas penais são dirigidas somente àqueles que são capazes de as entender e lhes sofrer a coação psicológica, a antropologia criminal tem demonstrado, ao contrário, que o homem delinquente é sempre um anormal.
>
> Que também o homem não criminoso (mesmo se não *imoral* nem *amoral*) apresenta muitas vezes alguma anomalia orgânica, ou psíquica, é incontestável, visto que "homem normal" não significa "homem perfeito", mas significa somente "homem que sabe se adaptar ao ambiente em que vive"; analogamente pode ser um homem são, tendo contudo alguma moléstia ou mal estar mais ou menos transitório.
>
> Mas, nos delinquentes, as anomalias não só são *mais graves*, mas sobretudo são *mais numerosas* no mesmo indivíduo, como eu notei nos homicidas e como resulta para os outros delinquentes, de todas as constatações da antropologia criminal.[42]

Assim, não seria de surpreender que se considerassem (ou se considerem) os doentes mentais, por exemplo, inimigos que necessitam de contenção imediata (veja-se que a nova redação do Código de Processo Penal, conferida pela Lei nº 12.403/ 11, permite a aplicação de uma espécie de medida de segurança preventiva quando a própria prisão preventiva é vedada). Contudo, a fim de não nos desviarmos dos objetivos do presente trabalho, é necessário voltar a Günther Jakobs e às críticas que a ele se fazem imprescindíveis.

Como uma espécie de resposta à sua teoria, deve-se destacar a obra *O inimigo no direito penal*, de Eugenio Raúl Zaffaroni, que afirma que o Estado de direito deve visar à contenção do Estado de polícia — que fica encapsulado dentro daquele, porém nunca desaparece. Sendo

---

42 FERRI, Enrico. *Princípios de direito criminal: o criminoso e o crime.* Campinas: Russell Editores, 2009, p. 236.

assim, deve-se agir de modo a atenuar ao máximo a seletividade do poder punitivo, mas com a consciência de que nunca poderá ser suprimida.

Contudo, assim como a seletividade é inerente ao sistema penal, o direito penal de garantias é inerente ao Estado de direito — sendo, inclusive, um pressuposto deste — e deve agir como limite redutor das pulsões do Estado de polícia, verdadeiro inimigo do direito penal; deste assunto, porém, trataremos em outro momento.

Eugenio Raúl Zaffaroni, Ministro da Suprema Corte Argentina e precursor de um novo pensamento, o *realismo marginal jurídico-penal*, faz a seguinte ponderação a respeito (da incerteza) do conceito de delito:

> *Es conveniente destacar que tanto el carácter genérico del delito como los tres caracteres específicos, en general, con ligeras variantes, son casi pacíficamente aceptados en cualquier concepto sistemático del delito desde hace casi un siglo. No obstante, sus contenidos, relaciones y la naturaleza misma del sistema, varían considerablemente. Desde el punto de vista asumido, el delito no es un concepto que se compone sumando elementos, sino un doble juego de valoraciones acerca de una acción humana, que en cada caso la pretensión de ejercicio del poder punitivo debe superar, para que los jueces puedan habilitar su paso en determinada cantidad y forma. Si fuese menester graficarlo, nunca debería hacérselo en forma de mosaico o rompecabezas, sino como sistema de filtros sucesivos, con las reservas de inexactitud de cualquier graficación metafórica.*[43]

É nesse contexto que surge a Teoria Constitucional (ou Constitucionalista) do delito, a qual optamos por abordar em duas etapas, a fim de elucidar o máximo possível a questão.

Inicialmente, cumpre mencionar o entendimento lecionado por Luiz Flávio Gomes e Antonio García-Pablos de Molina, em que se considera a tipicidade penal um somatório de tipicidade formal, tipicidade material (juízo de desaprovação da conduta e resultado jurídico desvalioso) e tipicidade subjetiva (nos crimes dolosos que exijam elementos específicos).

Dentro desse conceito, uma parte da imputação objetiva, aplicando os conceitos de Claus Roxin, está na valoração da conduta; e outra, no resultado criado. Combate-se, assim, o formalismo excessivo do cau-

---

43 ZAFFARONI, E. R. *Derecho penal...*, p. 379.

salismo e do finalismo. A propósito:

> Antes da teoria constitucionalista do delito (que está agregando ao fato típico a ofensa ao bem jurídico), o fato típico (após a contribuição de Roxin) contava com três dimensões: formal + normativa + subjetiva. A segunda dimensão, normativa, era constituída exclusivamente da imputação objetiva, que se desdobra em duas exigências: criação ou incremento de riscos proibidos e imputação objetiva do resultado (nisso consistia a teoria de Roxin). Depois da teoria constitucionalista do delito (por nós defendida) o fato típico continua com três dimensões (formal + material ou normativa + subjetiva), porém, a segunda (material ou normativa) passa a exigir dois juízos valorativos distintos, que são: juízo de valoração (desaprovação) da conduta (desvalor da conduta) + juízo de valoração (desaprovação) do resultado jurídico (desvalor do resultado). Nos crimes dolosos não se pode esquecer ainda da dimensão subjetiva.[44]

Já Zaffaroni apresenta outra proposta de teoria constitucionalista do delito, aplicando a "tipicidade conglobante" como corretivo da tipicidade meramente legal, ou seja, a tipicidade penal deve ser entendida como a concomitância da tipicidade legal e da tipicidade conglobante (verificação se a conduta legalmente típica é permitida no ordenamento jurídico como um todo). Da obra de Zaffaroni e Pierangeli, extraímos:

> (...) o juízo de tipicidade não é um mero juízo de *tipicidade legal*, mas que exige um outro passo, que é a comprovação da *tipicidade conglobante*, consistente na averiguação da proibição através da indagação do alcance proibitivo da norma, não considerada isoladamente, e sim *conglobada* na ordem normativa. *A tipicidade conglobante é um corretivo da tipicidade legal*, posto que pode excluir do âmbito do típico aquelas condutas que apenas aparentemente estão proibidas, como acontece no caso exposto do oficial de justiça (...).[45]

Luiz Flávio Gomes e Antonio García-Pablos de Molina destacam as diferenças existentes entre as duas concepções, conforme o trecho abaixo:

---

44 GOMES, L. F.; MOLINA, A. G.. *Op. cit.*, pp. 163-164.
45 PIERANGELI, José Henrique; ZAFFARONI, Eugenio Raúl. *Manual de direito penal brasileiro*. Parte Geral. São Paulo: Revista dos Tribunais, 1999, p. 459.

O conceito de tipicidade penal (sob o enfoque material e constitucional) que estamos defendendo (e que compreende a tipicidade formal + tipicidade material ou normativa + tipicidade subjetiva) aproxima-se muito do conceito de tipicidade sistemática e conglobante de Zaffaroni, mas com ele não se identifica totalmente.

Para o autor mencionado a tipicidade nos crimes dolosos é complexa e divide-se em objetiva e subjetiva. A tipicidade objetiva é composta de uma parte sistemática e outra conglobante. Da primeira fazem parte a conduta, o resultado naturalístico (em alguns crimes), o nexo de causalidade e adequação típica do fato à letra da lei. Integram a segunda (a) a lesividade e (b) a imputação objetiva.

(...)

Esquematicamente, no crime doloso, a tipicidade para Zaffaroni seria: tipicidade objetiva + tipicidade subjetiva. Aquela compreenderia a tipicidade sistemática + tipicidade conglobante. Para nós, a tipicidade penal é composta da tipicidade formal + tipicidade material ou normativa + tipicidade subjetiva.

O que Zaffaroni chama de tipicidade conglobante (ofensividade + imputação objetiva) nós denominamos de tipicidade material, que requer (de acordo com nossa concepção) dois juízos valorativos distintos: 1º) juízo de valoração (desaprovação) da conduta (criação ou incremento de riscos proibidos relevantes) e 2º) juízo de valoração (desaprovação) do resultado jurídico (ofensa desvaliosa ao bem jurídico, que significa lesão ou perigo concreto de lesão ao bem jurídico).[46]

Por fim, com a consciência de que não é possível esgotar todos os tópicos relevantes à teoria do crime, meramente a fim de traçar os objetivos deste trabalho e continuar a esclarecer as premissas em que se baseia, é interessante destacar os argumentos de Eugenio Raúl Zaffaroni:

Cabe iniciar este análisis por la teoría del delito, partiendo de la muy general aproximación que lo entiende como una acción típica, antijurídica y culpable. Se dice que esta es una definición a la que se oponen definiciones materiales y hasta se toma partido por una u otras. No parece tratarse de una distinción fecunda, pues en definitiva lo que se descubre en el fondo son conceptos diversos, que provienen de los particulares intereses de cada disciplina o de cada sector especializado y que, en la medida en que integren un saber racional, no deben ser incompatibles. La llamada definición jurídico-penal de delito es tan material como las restantes y no debe ignorar que (a) desde lo sociológico, delito es un

46   GOMES, L. F.; MOLINA, A. G.. *Op. cit.*, pp. 164-165.

adjetivo en ropas de sustantivo, que produce los efectos de su atuendo; (b) desde lo político, es lo que el poder adjetiva como tal y sus agencias ejecutivas usan para seleccionar a algunas personas respecto de las que se sustantiviza; (c) pero desde el poder jurídico es lo que mínimamente debe declararse probado a medias en un procesamiento y plenamente en una sentencia, para que las agencias judiciales puedan hallarse ante la eventual responsabilidad de habilitar la continuación de una cierta forma y medida de poder punitivo.[47]

Também Juarez Cirino dos Santos, em poucas linhas, consegue sintetizar parte da celeuma no que concerne à teoria do fato punível no cenário jurídico atual:

> Uma teoria do fato punível deve começar pela definição de seu objeto de estudo, o conceito de fato punível. As definições de um conceito podem ter natureza *real, material, formal* ou *operacional,* conforme mostrem a origem, os efeitos, a natureza ou os caracteres constitutivos da realidade conceituada. Assim, definições *reais* explicariam a gênese do fato punível, importantes para delimitar o objeto de estudo da criminologia; definições *materiais* indicariam a gravidade do dano social produzido pelo fato punível, como lesões de bens jurídicos capazes de orientar a formulação de políticas criminais; definições *formais* revelariam a essência do fato punível, como violação da norma legal ameaçada com pena; enfim, definições *operacionais* identificariam os elementos constitutivos do fato punível, necessários como método analítico para determinar a existência concreta de ações criminosas. Este livro trabalha com uma definição *operacional* de fato punível — também denominada definição *analítica* de crime — capaz de indicar os *pressupostos de punibilidade* das ações descritas na lei penal como crimes, de funcionar como critério de racionalidade da jurisprudência criminal e de contribuir para a *segurança jurídica do cidadão* no Estado Democrático de Direito.
>
> (...) Existe evidente consenso sobre a natureza das categorias gerais do fato punível, bem como sobre as categorias mais simples resultantes de sua decomposição analítica, mas existe um ponto de discordância radical situado na área do *tipo de injusto*, responsável pela existência diferenciada dos sistemas *bipartido* e *tripartido* de fato punível: a relação entre os conceitos de tipo legal e de antijuridicidade.[48]

---

47 ZAFFARONI, E. R. *Derecho penal...*, op. cit., pp. 373-374.
48 SANTOS, Juarez Cirino dos. *Direito penal: parte geral.* Curitiba: ICPC; Lumen Juris, 2008, pp. 73-75.

Esperamos que, diante do breve escorço histórico traçado e das considerações feitas, acerca de cada uma das principais teorias, tenha sido possível nortear o presente estudo e definir a linha que desejamos seguir.

1.2 O Direito Penal no Estado Democrático de Direito

Extrai-se da Teoria Geral do Direito Penal que o Estado, através da criminalização de determinadas condutas, busca exercer a função de garantidor do respeito à dignidade da pessoa humana — tanto da vítima (entendida também como a sociedade em geral) quanto do autor do suposto delito.

Nesta obra não pretendemos dar ênfase à teoria do crime ou às funções da pena, mas destacar o respeito aos direitos fundamentais. Isso, porque o Estado tem a obrigação de não os agredir (eficácia vertical), mas também de garantir que outrem não os desrespeite (horizontalidade).

Para entender melhor essa dinâmica, é importante analisar o Estado Democrático de Direito, verdadeiro ensejador da teoria garantista. Para tanto, nos parece relevante transcrever as lições de Jorge Miranda:

> Numa primeira noção, *Estado constitucional* significa Estado assente numa Constituição fundadora e reguladora tanto de toda a sua organização como da relação com os cidadãos e tendente à limitação do poder.
>
> *Governo representativo* significa a forma de governo em que se opera uma dissociação entre a titularidade e o exercício do poder — aquela radicada no povo, na nação (no sentido revolucionário) ou na colectividade, e este conferido a governantes eleitos ou considerados representativos da colectividade (de *toda a* colectividade, e não de estratos ou grupos como no Estado estamental). E é uma forma de governo nova em confronto com a monarquia, com a república aristocrática e com a democracia directa, em que inexiste tal dissociação.
>
> *Estado de Direito* é o Estado em que, para garantia dos direitos dos cidadãos, se estabelece juridicamente a divisão do poder em que o respeito pela legalidade (seja a mera legalidade formal, seja — mais tarde — a conformidade com valores materiais) se eleva a critério de

acção dos governantes.[49]

Interessante destacar ainda os ensinamentos de Gilmar Ferreira Mendes, Inocêncio Mártires Coelho e Paulo Gustavo Gonet Branco, acerca da construção do conceito de Estado de Direito:

> O termo *Estado de Direito* — registra Böckenförde — é uma construção linguística e uma cunhagem conceptual própria do espaço linguístico alemão, sem correspondentes exatos em outros idiomas; e aquilo que nas suas origens se queria designar com esse conceito, prossegue o mesmo jurista, é também uma criação da teoria do Estado do precoce liberalismo alemão, em cujo âmbito significava o *Estado da razão; o Estado do entendimento; ou, mais detalhadamente, Estado em que se governa segundo a vontade geral racional e somente se busca o que é melhor para todos.* Noutras palavras — ainda com Böckenförde —, o *Estado de Direito*, em seus primórdios, é o Estado do direito racional, o Estado que realiza os princípios da razão na e para a vida em comum dos homens, tal e como esses princípios estavam formulados na tradição da teoria do direito racional.[50]

Mesmo apenas diante dessas breves afirmações, já é possível concluir que o Estado de Direito visa a proteger os direitos fundamentais, positiva e negativamente. Nesse mesmo sentido, José Afonso da Silva destaca que o Estado Democrático de Direito é:

> (...) destinado a assegurar o exercício dos direitos sociais e individuais, a liberdade, a segurança, o bem-estar, o desenvolvimento, a igualdade e a justiça como valores supremos de uma sociedade fraterna, livre, justa e solidária e sem preconceitos, com fundamento na soberania, na cidadania, na dignidade da pessoa humana, nos valores sociais do trabalho e da livre iniciativa e no pluralismo político.[51]

Assim, partindo-se do pressuposto — muito embora controverso — de que a função do Direito Penal no Estado Democrático de Direito

---

49 MIRANDA, Jorge. *Teoria do Estado e da Constituição*. Rio de Janeiro: Forense, 2009, p. 35.
50 BRANCO, Paulo Gustavo Gonet; COELHO, Inocêncio Mártires; MENDES, Gilmar Ferreira. *Curso de direito constitucional*. São Paulo: Saraiva, 2009. p. 63.
51 SILVA, José Afonso da. *Curso de direito constitucional positivo*. São Paulo: Malheiros. 2006, p. 125.

brasileiro é a proteção dos bens jurídicos fundamentais, materialmente considerados como tais, através da proteção de valores de caráter ético--social, é preciso buscar elementos que demonstrem os limites da possibilidade de aplicação dos princípios da proibição do excesso de proibição e da proteção deficiente, situando a problemática existente quanto ao duplo viés dos direitos fundamentais e sua repercussão na criminalização de condutas — tanto primária quanto secundária —, bem como as consequentes funções que o Estado deve exercer.

Finalmente, o papel assumido pelo Estado nesse enredo nem sempre pode ser, ou vem sendo concretizado, como salienta Martha de Toledo Machado:

> (...) o modelo normativo constitucional no Estado democrático de direito é um modelo limite (válido no plano axiológico), que apresenta divergências com a realidade (ineficácia no plano fático da realidade social), parte das quais inerentes ao instrumento, parte das quais relacionados aos conflitos político-sociais; (...).[52]

É importante ainda mencionar — trataremos do tema adiante com mais atenção — que o papel do Direito Penal do Estado de Direito não é tema pacífico, havendo inclusive quem defenda que não há espaço para sua aplicação sem ferir indevidamente os direitos fundamentais.

A respeito da imperfeição do Estado Democrático de Direito, Ana Elisa Liberatore S. Bechara argumenta:

> É evidente que o Estado Democrático de Direito constitui, por sua própria natureza, um ordenamento imperfeito, resultando impensável a absoluta harmonia de interesses e valores nos diversos níveis do sistema. Aliás, essa aparente imperfeição constitui o maior mérito dos ordenamentos jurídicos democráticos, uma vez que a total ausência de antinomias só seria possível se não se incorporasse às normas nenhum vínculo substancial, como acontece no Estado Absoluto, no qual estas existem e possuem validade porque são produzidas dentro das formas estabelecidas.[53]

---

52 MACHADO, Martha de Toledo. *Proibições de excesso e proteção insuficiente no direito penal. A hipótese dos crimes sexuais contra crianças e adolescentes*. São Paulo: Verbatim, 2008, p. 59.
53 BECHARA, Ana Elisa Liberatore S. In: BOTTINI, P. C.; MENDES, G. F.; PACELLI, E. (Coord.), *op. cit.*, p. 159.

Tal entendimento já era esposado por Franz von Liszt, como se percebe na leitura do seguinte fragmento, ao tratar da dificuldade em se definir os interesses que devem ser objeto de proteção pelo Direito Penal:

> I. A distincção entre os bens jurídicos que o crime ameaça e que a pena protege, — e portanto a distincção entre os interesses que pela lei gozam de protecção juridica e propriamente da do direito penal — serve de base á classificação das materias da parte especial da nossa sciencia, base hoje geralmente aceita nos tratados deste ramo do direito. O bem jurídico, objecto da protecção do direito, em ultima analyse é sempre a existencia humana nas suas diversas fórmas e manifestações. Ella é que é o bem jurídico, isto é, o centro de todos os interesses juridicamente protegidos. Mas a existencia humana nos apparece como existencia do homem considerado na sua individualidade ou como existencia dos membros da communhão na sua collectividade. Todos os interesses atacados pelo crime e protegidos pelo direito penal se distinguem consequentemente em bens do individuo e em bens da collectividade.[54]

A propósito:

> (...) o sistema penal exerce também uma função de proteção dos direitos fundamentais, por meio da incriminação de comportamentos, no contexto de um movimento duplo, afirmando positivamente valores e atribuindo sentido delitivo à sua transgressão, tudo com o fim de resguardar a segurança e a convivência harmônica no âmbito de determinada sociedade. A busca do ponto de equilíbrio entre os interesses envolvidos (segurança social e direitos individuais) revela-se, assim, uma das mais sérias dificuldades no estabelecimento do conteúdo e da legitimidade da intervenção jurídico-penal, estando, justamente por isso, sempre sujeita à revisão.[55]

Não há dúvida de que a proteção estatal é, em muitos casos, marcada por incoerências, tanto por parte do legislador quanto do aplicador do direito; as penas abstrata ou concretamente aplicadas não condizem com a função do Direito Penal no Estado Democrático de Direito —

---

54 LISZT, F. Von. *Op. cit.*, p. 1.
55 BECHARA, Ana Elisa Liberatore S. In: BOTTINI, P. C.; MENDES, G. F.; PACELLI, E. (Coord.), *op. cit.*, p. 153.

caso seja possível lhe atribuir uma função como se vem afirmando.

Infelizmente, a visão que se tem do Direito Penal e de sua aplicação pelo Poder Judiciário está muito distante da concepção que se deve ter no Estado Democrático de Direito. A respeito do tema, Lédio Rosa de Andrade destaca:

> A tutela jurisdicional criminal é entendida como a forma pela qual o Estado, por intermédio do Poder Judiciário, aplica as normas penais aos cidadãos. É a aplicação, via processo penal, das interdições prescritas no Direito Penal. De maneira geral, a dogmática jurídica pressupõe que o Direito Penal estabeleça a toda a sociedade ações e omissões proibidas (os delitos) e consequente pena, a fim de resolver seus conflitos (microconflitos) e estabelecer (ou restabelecer) a paz social e o bem comum. Esta forma estreita de ver o fenômeno jurídico penal, repleta de fórmulas vazias, reduz, inclusive, o próprio conceito de positivismo jurídico, tido por Norberto Bobbio como um método, uma teoria e uma ideologia do Direito.[56]

Ao identificar *inimigos*, seja mediante a edição de leis, seja com sua própria inversão, presumindo-se a periculosidade e submetendo os *não cidadãos* a medidas de contenção, o sistema penal cria sociedades anômicas, baseadas no discurso do autoritarismo, com a alta seletividade do sistema repressivo e sem qualquer profunda convicção.

Como já observamos nesta obra, o direito penal sempre tentou justificar o tratamento de algumas pessoas como inimigos — há sempre uma nova espécie de *hostis* romano —, divergindo a prática do princípio do Estado de direito, porquanto se acaba por limitar os direitos de todos os cidadãos a fim de exercer o poder punitivo, método que certamente não é eficaz. Caso os direitos dos *cidadãos* sejam diminuídos a fim de individualizar os *inimigos*, o Estado de direito terá sucumbido ao Estado de polícia.

Nesse diapasão, defendendo um minimalismo tendente ao abolicionismo (funcionalismo redutor) e deslegitimando o direito penal tal qual entendido atualmente, Eugenio Raúl Zaffaroni argumenta:

> *Los datos sociales enseñan que el poder punitivo selecciona personas*

---

56 ANDRADE, Lédio Rosa de. *Direito penal diferenciado*. Florianópolis: Conceito Editorial, 2009, p. 15.

y la conducta es sólo el pretexto con que opera. Esta tendencia debe ser neutralizada por el derecho penal en todo cuanto le sea posible. Por ende, es elemental que para contener este impulso selectivo personal del estado policial, el derecho penal se asegure que, al menos, cualquier pretensión de ejercicio punitivo se lleve a cabo en base a una acción. Aunque con esto no se neutraliza la selección por la vulnerabilidad de la persona criminalizada, por lo menos se logra asegurar que la criminalización no se formalice sin que haya una acción que le otorgue base, requisito sin el cual el poder punitivo caería en un grado intolerable de irracionalidad discriminatoria.[57]

Também a respeito da diferença por *definição* entre amigos e inimigos e os perigos que isso gera na sociedade, extrai-se da obra de Slavoj Zizek:

> Neste caso, a lição a ser aprendida — de Carl Schmitt — é que o divisor amigo/inimigo nunca é apenas uma representação de uma diferença factual: o inimigo é por definição, pelo menos até certo ponto, *invisível*; parece que um de nós; não pode ser reconhecido diretamente – essa é a razão por que o grande problema ou tarefa da luta política é oferecer ou construir uma imagem *reconhecível* do inimigo (o que também justifica o fato de os judeus serem o inimigo *par excellence*: não se trata apenas de eles ocultarem a própria imagem ou contornos — é o fato de não haver nada sob sua aparência enganosa. Os judeus não têm a "forma interior" que está presente em toda identidade nacional: são uma não nação entre nações; sua substância nacional é exatamente a falta de substância, numa infinita plasticidade sem forma...). Ou seja, o "reconhecimento do inimigo" é sempre uma atividade *performativa* que, ao contrário das aparências enganosas, traz à luz ou constrói o "verdadeiro rosto" do inimigo. Schmitt se refere aqui à categoria kantiana de *Einbildungskraft*, o poder transcendental da imaginação: para reconhecer o inimigo, não basta a subordinação conceitual a certas categorias preexistentes: é necessário "esquematizar" a figura lógica do Inimigo, provendo-a de características tangíveis concretas que a transformem num alvo adequado de ódio e de luta.[58]

Deve-se salientar, contudo, que os direitos humanos não podem ser vislumbrados como antagônicos ao direito penal, não obstante seja

---

57 ZAFFARONI, E. R. *Derecho penal...*, op. cit., p. 377.
58 ZIZEK, Slavoj. *Bem-vindo ao deserto do Real! : cinco ensaios sobre o 11 de Setembro e datas relacionadas*. São Paulo: Boitempo Editorial, 2003, p. 130.

essa a ideia pregada de forma aproximada pelo abolicionismo; mas, muito pelo contrário, como ideias que devem convergir na busca da paz social, como bem jurídico a ser protegido. A esse respeito:

> A discussão em torno dos direitos humanos como limite racional à intervenção penal, a partir da constatação da expansão do Direito Penal em resposta à crescente sensação social de insegurança, parece remeter ao questionamento sobre a capacidade desse incremento da proteção da sociedade ante os novos riscos de limitar ou, ao contrário, de aumentar a liberdade dos indivíduos que a conformam. Em outras palavras, indaga-se se segurança e liberdades individuais constituem interesses em conflito ou, ao contrário, a síntese no âmbito de uma concepção de liberdade que tem na segurança de seus pressupostos. [59]

> Direitos humanos não conflitam com a ideia de um Direito Penal eficaz, sim o justificam e delimitam, já que esse sistema jurídico é voltado à própria proteção do indivíduo diante da intervenção do Estado.[60]

Quando se trata da função do Direito Criminal e das penas aplicadas em sua consequência, talvez não seja possível se falar em *certezas*, mas é consenso que o *Estado Democrático de Direito* pressupõe uma política integral de *proteção dos direitos fundamentais*. Sendo assim, o dever de proteção do Estado não se restringiria aos limites do sistema punitivo — proteção negativa, face mais conhecida do garantismo —, obrigando-se a atuar também positivamente.

Lenio Luiz Streck e Luciano Feldens são os maiores expoentes de uma corrente que, com base nos direitos fundamentais, relegitima o Direito Penal, embora, como é evidente, de uma forma muito distinta dos *primórdios* da instituição, lembrando que ainda é possível se encontrar defensores e exemplos práticos de um Direito Penal arcaico. Streck esclarece que:

> Isso decorre, obviamente, da evolução do Estado e do papel assumido pelo direito nessa nova forma de Estado, sob a direção de um constitucionalismo compromissório e social. É por isto que não se

---

59 BECHARA, Ana Elisa Liberatore S. In: BOTTINI, P. C.; MENDES, G. F.; PACELLI, E. (Coord.), *op. cit.*, p. 186.
60 Idem, p. 190.

pode mais falar tão-somente de uma função de proteção negativa do Estado. Parece evidente que não, e o socorro vem de Baratta, que chama a atenção para a relevante circunstância de que esse novo modelo de Estado deverá dar *a resposta para as necessidades de segurança de todos os direitos, também dos prestacionais por parte do Estado (direitos econômicos, sociais e culturais) e não somente daquela parte de direitos denominados de prestação de proteção, em particular contra agressões provenientes de comportamentos delitivos de determinadas pessoas.*[61]

No que concerne aos objetivos e funções do Direito Penal, extrai-se da obra de Juarez Cirino dos Santos:

Os objetivos declarados do Direito Penal nas sociedades contemporâneas consistem na proteção de bens jurídicos — ou seja, na proteção de valores relevantes para a vida humana individual ou coletiva, sob ameaça de pena. Os bens jurídicos protegidos pelo Direito Penal são selecionados por critérios político-criminais fundados na Constituição, o documento fundamental do moderno Estado Democrático de Direito: realidades ou potencialidades necessárias ou úteis para a existência e desenvolvimento individual e social do ser humano — por exemplo, a vida, a integridade e saúde corporais, a honra, a liberdade individual, o patrimônio, a sexualidade, a família, a incolumidade, a paz, a fé e a administração públicas constituem os bens jurídicos protegidos contra várias formas de lesão pelo Código Penal. Como se vê, os bens jurídicos mais importantes da vida humana individual ou coletiva são selecionados para proteção penal: a lesão ou ameaça desses bens jurídicos pode desencadear as mais graves consequências previstas no ordenamento jurídico, as penas criminais ou as medidas de segurança.[62]

Todavia, como se vem destacando, ocorre com frequência uma contradição entre a doutrina penal e a teoria política do *Estado constitucional de direito*, formando uma lacuna muitas vezes intransponível ou impreenchível — poder-se-ia aventar aqui a noção de paralaxe de Slavoj Zizek, trazendo as diferenças constatadas entre o real e o imaginário,

---

61 STRECK, Lenio Luiz. "O dever de proteção do Estado (*Schutzpflicht*): o lado esquecido dos direitos fundamentais ou qual a semelhança entre os crimes de furto privilegiado e o tráfico de entorpecentes?" Disponível em <http://leniostreck.com.br/index.php?option=com_docman&Itemid=40>. Acesso em 20 ago. 2009, p. 3.
62 SANTOS, J. C., *op. cit.*, p. 5.

especialmente aquilo em que se quer acreditar, mas isso daria ensejo a uma outra obra, motivo pelo qual deixamos apenas esta referência a fim de provocar reflexão a respeito do assunto.

Eugenio Raúl Zaffaroni argumenta que:

> Se, na realidade, o direito penal sempre aceitou o conceito de *inimigo* e este é incompatível com o Estado de direito, o que na verdade seria adequado a ele seria *uma renovação da doutrina penal corretora dos componentes autoritários que a acompanharam ao longo de quase todo seu percurso ou, em outras palavras, um ajuste do direito penal que o compatibilize com a teoria política que corresponde ao Estado constitucional de direito, depurando-o dos componentes próprios do Estado de polícia, incompatíveis com seus princípios.*[63]

É inegável, embora lamentável, que o poder punitivo tenha sempre discriminado, algo derivado de sua própria seletividade estrutural. Subsiste, assim, a distinção entre *cidadãos* e *inimigos*, de acordo com o perigo que apresentem ou o dano que causem. As modernas funções da pena são relegadas a um segundo plano, substituindo-se a concepção de *Direitos Humanos* pela ideia simplista de vingança, legitimadora da violência do poder e condicionante da hierarquização dos seres humanos.

A criminalização e punição exacerbada de determinadas condutas, para atender aos anseios da população, configura uma transformação regressiva no campo da política penal, e vai de encontro ao processo que se busca de emancipação humana.

Nesse sentido, extrai-se da obra de Lédio Rosa de Andrade:

> (...) torna-se importante relembrar as previsões sobre as possíveis tendências do Direito no atual mundo globalizado, efetuadas pelo sociólogo jurídico José Eduardo Faria. Para ele, em futuro próximo, tudo indica que os Direitos Sociais, incluindo-se os Direitos Humanos, irão diminuir sensivelmente. O próprio Direito do Trabalho corre o risco de extinção, voltando as relações laborais a serem reguladas por Direito Privado. Isto tudo poderá ocorrer devido às transformações do Direito moderno, que estão acontecendo exatamente para adequar os sistemas jurídicos nacionais aos altos interesses do capitalismo global.[64]

---

63 ZAFFARONI, E. R. *O inimigo...*, *op. cit.*, pp. 25-26.
64 ANDRADE, L. R., *op. cit.*, p. 73.

Em relação ao Direito Penal positivo, viu-se que seu significante (lei escrita) e seus significados (decisões dos magistrados e interpretações) construíram um sistema diferenciador, no qual restam bastante claros seus objetivos valorativos, de classe e de mantença de uma estrutura socioeconômica determinada. O papel das leis penais, primordialmente, é manter esta estrutura e punir severamente os membros das classes subalternas que ousarem atacá-la.[65]

A respeito da meramente suposta neutralidade do direito penal, Juarez Cirino dos Santos esclarece:

(...) o Direito Penal deve ser estudado do ponto de vista de seus objetivos declarados ou manifestos e de seus objetivos reais ou latentes, nos quais se manifestam as dimensões de ilusão e de realidade dos fenômenos da vida social nas sociedades contemporâneas.

(...) Essa aparência de neutralidade do Direito Penal é dissolvida pelo estudo das fontes materiais do ordenamento jurídico, enraizadas no modo de produção da vida material, que fundamentam os interesses, necessidades e valores das classes sociais dominantes das relações de produção e hegemônicas do poder político do Estado, como indicam as teorias conflituais da Sociologia do Direito.[66]

Ocorre que é atraente o discurso penalizante, de caráter vingativo e com ideias *medievais* de processo e justiça, convindo à sociedade acatá-lo em detrimento das noções de direitos humanos, de aplicação muito mais onerosa. A propósito, Alexandre Morais da Rosa argumenta:

O discurso penal(izante) alcança unanimidade, seduzindo setores (até então) comprometidos com a mudança de paradigma social, denotando o surgimento do que Maria Lúcia Karam[67] logrou chamar

---

65 Idem, p. 83.
66 SANTOS, J. C., op. cit., pp. 7-8.
67 "Parecendo ter descoberto a suposta solução penal e talvez ainda inconscientemente saudosos dos paradigmas de justiça dos velhos tempos de Stalin (um mínimo de coerência deveria levar a que em determinadas manifestações de desejo ou aplauso a acusações e condenações levianas e arbitrárias se elogiassem também os tristemente famosos processos de Moscou), amplos setores da esquerda aderem à propandeada ideia que, em perigosa distorção do papel do Poder Judiciário, constrói a imagem do bom magistrado a partir do perfil de condenadores implacáveis e severos." (KARAM, Maria Lúcia. "A esquerda punitiva". In: *Discursos Sediciosos*, Rio de Janeiro, n. 1, 1996, p. 80.)
"Com essa 'esquerda', quem precisa de direita? É natural, então, que diante de loucuras "esquerdistas" semelhantes, a facilidade com que a ideologia hegemônica se apropriou da tragédia de 11 de setembro e impôs sua mensagem básica foi ainda maior do que

"esquerda punitiva".[68]

A respeito do tema, Inocêncio Mártires Coelho esclarece, na apresentação da obra de Gustavo Zagrebelsky:

> Para o bem ou para o mal, essa atitude demissionária das democracias ocidentais acabou levando ao paroxismo os seus algozes e desencadeando um conflito de dimensões nunca vistas, sobre cujos escombros emergiram as chamadas *democracias combatentes*, no seio das quais, fruto dessa amarga experiência, veio a consolidar-se a ideia de que se o certo e o errado, o justo e o injusto não podem depender de algum tipo de *teoria eleitoral da verdade*, então parece não contradizer os ideais democráticos engendrarem-se mecanismos destinados a defender esses mesmos valores nos momentos de insensatez majoritária.[69]

Assim, ao passo em que se criminalizam, tanto no campo legislativo (criminalização primária) quanto no âmbito do Poder Judiciário (criminalização secundária) condutas supostamente dignas de maior reprovação — como aquelas consideradas hediondas pelo Constituinte (artigo 5º, XLIII, da Carta Magna) —, crimes que ferem gravemente bens jurídicos de grande importância, como os popularmente denominados crimes *de colarinho branco*, continuam sem tantas manifestações de relevância e carentes de punição adequada.

Sobre o tema, Nilo Batista aduz:

---

se poderia esperar dado o controle da direita e do centro liberal sobre os meios de comunicação de massa: acabaram-se os jogos fáceis, é preciso escolher lados — contra (o terrorismo) ou a favor. E como ninguém se declara abertamente a favor, a simples dúvida, uma atitude questionadora é denunciada como apoio disfarçado ao terrorismo... É precisamente essa a tentação a que se deve resistir: *é exatamente nesses momentos de aparente clareza de escolha que a mistificação é total.* A escolha que nos é proposta não é a verdadeira escolha. Hoje, mais do que nunca, devemos reunir forças para tomar um distanciamento e refletir sobre o cenário da situação. Intelectuais que sucumbiram à tentação são representados pelo grupo de cinquenta que, em fevereiro de 2002, assinou um ridículo apelo ao patriotismo americano — um caso claro de paradoxo pragmático de designação autocanceladora (os intelectuais que assinaram o apelo perderam assim sua condição de intelectuais)." (ZIZEK, S., *op. cit*, p. 71.)

68 MORAIS DA ROSA, Alexandre; SILVEIRA FILHO, Sylvio Lourenço da. *Para um processo penal democrático: crítica à metástase do sistema de controle social.* Rio de Janeiro: Lumen Juris, 2009, p. 41.

69 COELHO, Inocêncio. "Mártires". In: ZAGREBELSKY, Gustavo. *A crucificação e a democracia.* São Paulo: Saraiva, 2001, p. 9.

Isso, porque, sem sombra de dúvida, o sistema penal é constitutivo de representações e relações sociais, de políticas públicas, de discursos do poder e até mesmo de sua própria configuração linguística, a lei penal.[70]

No que concerne à necessidade de se reestruturar o sistema penal, visando à sua democratização e ao consequente respeito aos direitos fundamentais dos cidadãos, Ana Cláudia Bastos de Pinho argumenta:

As alterações pontuais são imprescindíveis e urgentes, é bom que se repita. Porém, além disso, necessária se faz uma verdadeira mudança de mentalidade por parte dos operadores jurídicos, no sentido de pensar o processo penal, não mais como uma obrigatória necessidade de implementar a "luta contra o crime" para assegurar a "ordem social", mas como um legítimo instrumento a serviço de um Direito Penal democrático e, acima de tudo, a serviço dos direitos fundamentais do cidadão.[71]

Importa, ainda, fazer a seguinte transcrição a respeito das relações sociais como fatores decisivos na definição das regras do sistema penal, especialmente o brasileiro:

Todavia, quando as regras do jogo passam a ser o entrave para a *turba sedenta pelo gozo sádico* — mormente em tempos *neoliberais* de encarceramento total da pobreza —, os argumentos jurídicos transcendentes da condenação em nome da *paz social*, da *segurança jurídica*, do *interesse social em formatar o apenado* subvertem a lógica de garantias e se constituem no fundamento retórico e deslegitimado de uma condenação.[72]

Constata-se, assim, a frequente ocorrência do fenômeno da diferenciação penal, em que o autor de atos considerados danosos à sociedade é tratado como coisa, diferente dos demais cidadãos.

Ao tratar do trabalho desenvolvido por Alessandro Baratta, Vera

---

70 BATISTA, Nilo. "Os sistemas penais brasileiros". In: ANDRADE, Vera Regina Pereira de (org.). *Verso e reverso do controle penal : (des)aprisionando a sociedade da cultura punitiva : homenagem a Alessandro Baratta.* Florianópolis: Fundação Boiteux, 2002, v. 1, p. 149.
71 PINHO, Ana Cláudia Bastos Pinho. *In Dubio pro Societade x Processo penal garantista.* Disponível em: <http://www.direitocriminal.com.br>. Acesso em: 19 ago. 2011.
72 MORAIS DA ROSA, A.; SILVEIRA FILHO, S. L., *op. cit.*, p. 87.

Regina Pereira de Andrade salienta que "(...) evitando a tríplice atitude de tomá-lo como coisa (coisificando-o), abstração (universalizando-o) ou dado (imutável), o homem é assumido em sua subjetividade, contextualização e devir".[73]

Ocorre que é justamente o oposto que vem sucedendo no Brasil e no mundo, ou seja, o autor de fatos considerados crimes (fatos especialmente selecionados) é considerado um não cidadão, com direitos diferentes daqueles de que dispõem os verdadeiros *seres humanos* daquela sociedade.

Nilo Batista arrolou quatro características do atual sistema penal brasileiro, quais sejam: a hipercriminalização (solução meramente simbólica), a dupla face do sistema, a mudança nas finalidades da prisão (caráter neutralizante) e os novos papéis da mídia, que invocou o discurso do controle social penal.[74] Interessante destacar as considerações feitas pelo autor no tocante à dupla face, expondo que:

> Para os consumidores, alternativas à privação da liberdade, transação penal, suspensão condicional do processo, e diversos outros dispositivos para que ele possa cumprir sua pena no shopping, com ou sem pulseira eletrônica. Para os consumidores falhos, suspeitos ou convictos desses crimes aos quais uma estúpida quizila de constituintes denominou hediondos, um encarceramento neutralizante.[75]

É evidente que tal sistema continuará incapaz de prover segurança jurídica, mormente porque o poder punitivo não pode ser o único que resta ao Estado. Faz-se mister ainda salientar que a seletividade do sistema penal deriva de sua própria incapacidade operacional (seletividade quantitativa), da especificidade da infração e das conotações sociais dos autores e vítimas (seletividade qualitativa); tal processo de seleção tende a assegurar a manutenção e perpetuação dos estereótipos de *criminosos*.[76]

---

73 ANDRADE, Vera Regina Pereira de. "Fragmentos de uma grandiosa narrativa: homenagem ao peregrino do humanismo". In: ANDRADE, Vera Regina Pereira de (org.). *Verso e reverso do controle penal : (des)aprisionando a sociedade da cultura punitiva : homenagem a Alessandro Baratta*. Florianópolis: Fundação Boiteux, 2002, v. 1, p. 200.
74 Cf. BATISTA, N., *Op. cit.*, pp. 154-155.
75 Idem, p. 155.
76 Conforme ANDRADE, Vera Regina Pereira de. *A ilusão de segurança jurídica: do controle da violência à violência do controle penal*. Porto Alegre: Livraria do Advogado, 1997, pp. 266-277.

No que concerne à fenomenologia da seletividade, Vera Regina Pereira de Andrade (que, assim como Eugenio Raúl Zaffaroni, tende ao abolicionismo) explana que:

> A interpretação estrutural da fenomenologia da seletividade como fenomenologia da desigualdade social parte assim da análise da criminalização secundária resgatando o fenômeno da distribuição seletiva dos "bens jurídicos" e chegando, por esta via, a uma desconstrução unitária e acabada da ideologia da defesa social.[77]

Não é necessário se estender para demonstrar que a seletividade está imediatamente ligada à desigualdade social, tendo em vista os inúmeros exemplos que a própria sociedade exibe — corrompidos pela parcialidade da mídia e ignorados pela maioria, de acordo com a facilidade de se ver somente o que convém. O Poder Judiciário, muitas vezes, parece desprezar a realidade social em que se insere.[78] A esse respeito, Nilo Batista argumenta que:

> A partir do momento em que o jurista desce da torre de marfim tecnicista, ele se depara com a formidável configuração que o sistema penal impõe à organização social: com sua seletividade, com sua função de vigilância, com os símbolos que engendra e põe em circulação, com a construção de estereótipos criminais, com as funções de vigilância, com as coisas suspeitas etc.[79]

A Constituição da República Federativa do Brasil de 1988, originada em um período pós-ditadura, trouxe vários dispositivos com o propósito de resguardar as gerações vindouras dos acontecimentos que haviam recentemente ocorrido. Todavia, mais de duas décadas após sua promulgação, percebe-se que não se fez o bastante para alterar a realidade brasileira. Nesse sentido, extrai-se da obra de Lenio Luiz Streck e

---

77 Idem, p. 278.
78 Bem a propósito, interessante refletir acerca da seguinte afirmação: "O núcleo da 'paixão pelo Real' é essa identificação com — esse gesto heroico de assumir integralmente — a obscenidade suja do outro lado do Poder: a atitude heroica de que 'alguém tem de fazer o trabalho sujo, então, mãos à obra!', uma espécie de reverso espelhado da Bela Alma que não aceita se reconhecer no seu resultado. Vemos essa atitude na admiração direitista pela comemoração dos heróis prontos a fazer o trabalho sujo necessário: é fácil fazer uma coisa nobre pela pátria, até sacrificar a própria vida por ela — é muito mais difícil cometer um crime pela pátria..." (ZIZEK, S., *Op. cit.*, p. 45.)
79 BATISTA, N., *Op. cit.*, p. 153.

Luciano Feldens:

> (...) não há indicativos de que tenhamos avançado no sentido da superação da crise por que passa o Direito Penal e, consequentemente, a teoria do bem jurídico. Persistimos atrelados a um paradigma penal de nítida feição liberal-individualista, isto é, preparados historicamente para o enfrentamento dos conflitos de índole interindividual; não engendramos, ainda, as condições necessárias para o enfrentamento dos conflitos (delitos) de feição transindividual, os quais compõem majoritariamente o cenário desta fase de desenvolvimento da Sociedade brasileira. Basta-nos, para tanto, verificar a ineficácia do *establishment* jurídico-penal na prevenção — e mesmo no combate — aos cognominados crimes do colarinho-branco.[80]

Portanto, os meios colocados à disposição do Estado não passam de uma solução alegórica, conveniente em nações que supervalorizam o poder punitivo, relegando aos demais poderes papéis secundários e mantendo o jurista cada vez mais afastado da organização social que regula.

Nesse diapasão, extrai-se da obra de Eugenio Raúl Zaffaroni que:

> A seletividade, a reprodução da violência, a criação de condições para maiores condutas lesivas, a corrupção institucionalizada, a concentração de poder, a verticalização social e a destruição das relações horizontais ou *comunitárias não são características conjunturais, mas estruturais do exercício do poder de todos os sistemas penais.*[81]

É necessário fazer uma breve análise de sua obra, especialmente no que concerne à escolha do *inimigo*, conforme o perigo que ofereça ou o dano que cause, e questionar a criminalização como solução (paradoxal) para a criminalidade e o encarceramento como instrumento neutralizante dos inimigos identificados como tais.

O ministro da Suprema Corte Argentina difundiu um novo pensamento, que ele mesmo define como *realismo marginal jurídico-penal*, assumindo uma postura realista quanto à atuação real (e irracional) das

---

80 FELDENS, Luciano; STRECK, Lenio Luiz. *Crime e Constituição*. Rio de Janeiro: Forense, 2006, p. 19.
81 ZAFFARONI, Eugenio Raúl. *Em busca das penas perdidas: a perda da legitimidade do sistema penal*. Rio de Janeiro: Revan, 2001, p. 15.

instâncias punitivas e, ao mesmo tempo, marginal no que concerne à realidade dos países periféricos — em especial na América Latina — em face do poder mundial. Deslegitima-se, assim, o poder de punir, porquanto as penas teriam apenas um sentido político (teoria agnóstica da pena), sem serem juridicamente fundamentadas. Nesse diapasão, é necessária a substituição do Estado de Polícia vigente por um verdadeiro Estado Democrático, passando o direito penal a agir apenas como um freio à arbitrariedade estatal disfarçada de discricionariedade, o que, como já mencionado, se denomina funcionalismo redutor.

Dentro de sua obra, pode-se destacar a ideia de *culpabilidade por vulnerabilidade* acerca da qual se vem discorrendo, que leva em conta a seletividade do sistema penal e escolha do *inimigo*.

Como se sabe, o sistema penal é instituído na intenção de estabelecer um regime apropriado de aplicação e cumprimento das penas, de maneira a atingir determinados efeitos almejados que variam conforme o momento histórico em que se concretizam (proteção dos bens jurídicos). Modernamente, a pena não visa — ou, ao menos, não deveria visar — a imposição de um castigo, mas a readaptação do condenado à vida em sociedade, se ainda for possível vislumbrar um sistema penal *ressocializante*. Todavia, o sistema penal é, de fato, um espelho da própria sociedade, como esclarece o autor:

> O sistema penal é uma complexa manifestação do poder social. Por *legitimidade do sistema penal entendemos a característica outorgada por sua racionalidade.* O poder social não é algo estático, que se "tem", mas algo que se exerce — um exercício —, e o sistema penal quis mostrar-se como um exercício de poder planejado racionalmente.[82]

Destarte, é frequente a constatação de contradições entre a *doutrina penal-constitucional* e a *teoria política do Estado constitucional de direito*, como bem expõe Zaffaroni, ao dispor que:

> Se, na realidade, o direito penal sempre aceitou o conceito de *inimigo* e este é incompatível com o Estado de direito, o que na verdade seria adequado a ele seria *uma renovação da doutrina penal corretora dos componentes autoritários que a acompanharam ao longo de quase*

---

82 Idem, p. 16.

todo seu percurso ou, em outras palavras, um ajuste do direito penal que o compatibilize com a teoria política que corresponde ao Estado constitucional de direito, depurando-o dos componentes próprios do Estado de polícia, incompatíveis com seus princípios.[83]

É importante esclarecer, de forma sucinta, que a teoria do crime deve explicar as características que qualquer delito tem, facilitando a averiguação da presença ou ausência do crime, ou seja, trata-se de uma construção dogmática que proporciona um caminho lógico para verificar a prática de um delito em cada caso concreto.[84]

De acordo com o autor, o conceito obtido pela análise do delito é estratificado da seguinte maneira:

Na doutrina, *chamamos a conduta típica e antijurídica um "injusto penal"*, reconhecendo que o injusto penal ainda não é delito, e sim que, para sê-lo, é necessário que seja também reprovável, isto é, que o autor tenha tido a possibilidade exigível de atuar de outra maneira, requisito que não se dá, por exemplo, na hipótese do "louco" (de quem, em razão de sua incapacidade psíquica, não se pode exigir outra conduta). *Esta característica de reprovabilidade do injusto ao autor é o que denominamos culpabilidade e constitui a terceira característica específica do delito.*[85]

A começar o estudo do delito por seu terceiro elemento, a culpabilidade,[86] podemos questionar os critérios utilizados a fim de verificar a reprovabilidade da conduta. É nesse contexto que Zaffaroni esclarece a noção de "inimigo", em que determinadas condutas são consideradas reprováveis (e, portanto, criminalizadas) em virtude de características de seus praticantes, prevalecendo o Estado de Polícia, revestido de Estado constitucional. Nesse sentido, o autor salienta que:

(...) a secular tradição legitimadora do exercício estruturalmente discriminatório do poder punitivo operou como fissura absolutista no Estado constitucional de direito, introduzindo no seu marco um ele-

---

83 *O inimigo...*, *op. cit.*, pp. 25-26.
84 Cf. PIERANGELI, J. H.; ZAFFARONI, E. R., *op. cit.*, p. 384.
85 Idem, p. 390.
86 A respeito da culpabilidade como terceiro elemento do delito ou pressuposto da aplicação de pena, observem-se os comentários tecidos no item anterior.

mento dissolvente que, em algum trágico momento do passado, seria chamado entre nós de *doutrina da segurança nacional*, de triste memória.[87]

Não obstante ser impossível negar o descompasso entre a doutrina penal e a teoria política — que, até há pouco, vinha sendo minimizado com pouco esforço —, os Estados nacionais vêm se mostrando incapazes de proceder a reformas estruturais. Ademais, os meios de comunicação de massa estão empenhados em desenvolver apenas uma propaganda populista e vingativa, contribuindo para a *fabricação* de inimigos e de situações emergenciais que devem ser resolvidas de forma breve, sem muita preocupação com meios e com consequências supostamente *secundárias*.

Na prática, tem-se a aplicação das ideias Carl Schmitt, limitadas à destruição do inimigo ou sua redução à impotência total, pré-designada pelo próprio sistema falido. Dentro desse contexto, o inimigo não merece o tratamento de pessoa e necessita de pura contenção (observem-se as medidas de segurança previstas no Código Penal brasileiro), violando a Declaração Universal dos Direitos Humanos.[88]

Como resposta político-criminal a esse problema, Zaffaroni destaca o programa de intervenção mínima, de caráter pragmático, proposto por Ferrajoli, em que não há uma "pretensão lógica de longo alcance que legitime o resto do sistema penal",[89] mas que apresenta razões utilitárias e visa prevenir uma reação (formal ou informal) mais violenta contra o delito. Menciona ainda o abolicionismo penal, em que se propõe uma abolição radical do sistema penal substituindo-o por outras instâncias de solução dos conflitos.

---

87 ZAFFARONI, E. R. *O inimigo...*, *op. cit.*, p. 9.
88 "Artigo I
Todas as pessoas nascem livres e iguais em dignidade e direitos. São dotadas de razão e consciência e devem agir em relação umas às outras com espírito de fraternidade.
Artigo II
Toda pessoa tem capacidade para gozar os direitos e as liberdades estabelecidos nesta Declaração, sem distinção de qualquer espécie, seja de raça, cor, sexo, língua, religião, opinião política ou de outra natureza, origem nacional ou social, riqueza, nascimento, ou qualquer outra condição.
Artigo III
Toda pessoa tem direito à vida, à liberdade e à segurança pessoal."
(*Declaração Universal de Direitos Humanos*. Disponível em <http://portal.mj.gov.br/sedh/ct/legis_intern/ddh_bib_inter_universal.htm>, acesso em 7 nov. 2010.)
89 ZAFFARONI, E. R. *Em busca...*, *op. cit.*, p. 94.

Não estamos, nesse caso, defendendo a extinção do poder punitivo, mas apenas sua adequação às reais necessidades sociais. Para tanto, cabe destacar que a intervenção pública, ao punir o autor de um crime, deve ser sempre norteada pelos preceitos constitucionais. Nesse sentido:

> O delito representa uma ruptura da ordem jurídica que, por sua gravidade, enseja uma reação estatal. Ao contrário das lesões causadas no âmbito civil, em que a restituição do *status quo ante*, realizada por meio da reparação do dano, depende, via de regra, da iniciativa do lesionado, ao ilícito penal responde-se obrigatoriamente com a intervenção estatal, através de suas instâncias de persecução penal. Essa intervenção, que é evidentemente pública e orientada por garantias constitucionais, tem por fim demonstrar a responsabilidade penal do delinquente para aplicar-lhe a consequência jurídica respectiva. Não, todavia, qualquer consequência jurídica, mas aquela expressa e legalmente prevista para dada hipótese, e na medida do necessário.[90]

Deve-se analisar a democracia em uma dimensão substancial, utilizando-se parâmetros de igualdade jurídica. A esse respeito:

> O paradigma da democracia constitucional não é outro que a sujeição do direito ao direito gerada por essa dissociação entre vigor e validade, entre mera legalidade e estreita legalidade, entre forma e substância, entre legitimação formal e legitimação substancial, ou se se quer, entre as weberianas "racionalidade formal" e "racionalidade material".[91]

Por conseguinte, o poder jurídico, assim como o legislativo, tem o dever de controlar o exercício do poder punitivo de forma que se respeitem as garantias constitucionais e se preservem os ideais emancipatórios. Nesse diapasão:

> O direito penal — ou seja, a programação doutrinária da jurisprudência e o treinamento dos juristas para esta tarefa de contenção e redução do poder *punitivo* — não pode pretender que o poder jurídico impeça a passagem deste, em sua totalidade (ou em sua maior parte),

---

90 GOMES, Marcus Alan de Melo. *Princípio da proporcionalidade e extinção antecipada da pena*. São Paulo: Lumen Juris, 2008, p. 143.
91 FERRAJOLI, Luigi. *Por uma teoria dos direitos e dos bens fundamentais*. Porto Alegre: Livraria do Advogado, 2011, p. 27.

porque o poder jurídico é sempre limitado e, por conseguinte, carece em absoluto de qualquer possibilidade de produzir uma mudança total da sociedade e da cultura nas dimensões e na profundidade que isso implicaria.[92]

É notório que o direito público vem passando por uma grande revolução, com abertura para participação da justiça constitucional. Desta feita, deve se verificar a força normativa da Constituição Federal também na aplicação de direitos e garantias fundamentais e sociais. Sua implementação atua como condição de validade da própria Carta Magna (de acordo com a teoria material-substancial[93]).

Bem a propósito, destacam-se as seguintes considerações de Lenio Luiz Streck:

> Nesse sentido, torna-se fundamental discutir, para uma melhor compreensão de toda essa problemática, o papel da Constituição e da jurisdição constitucional no Estado Democrático de Direito, bem como as condições de possibilidade para a implementação/ concretização dos direitos fundamentais-sociais a partir desse novo paradigma de Direito e de Estado.[94]

> A Constituição não trata apenas dos meios; cuida também dos fins, que, exatamente, caracterizam o seu aspecto mais compromissório e dirigente: o desenvolvimento e a superação das desigualdades regionais, previsto no art. 3º da nossa Constituição, que encarna a obrigação da construção de um estado social. E nisso reside o papel transformador do direito e do Estado, assim como a necessidade da rediscussão das condições para a compreensão do fenômeno representado pelo paradigma do Estado Democrático de Direito.[95]

À luz de todo o exposto, em virtude do valor que deve ser atribuído à Constituição em países como o Brasil, em que a modernidade se manifestou de forma tardia, deve-se analisar o direito penal sob o prisma do objetivo maior de concretização do Estado Democrático de

---

92 ZAFFARONI, E. R. *O inimigo...*, op. cit., p. 170.
93 Cf. STRECK, Lenio Luiz. *Verdade e consenso. Constituição, hermenêutica e teorias discursivas. Da possibilidade à necessidade de respostas corretas em direito.* Rio de Janeiro: Lumen Juris, 2009, p. 25.
94 Idem, p. 22.
95 Ibidem, p. 34.

Direito,[96] ou seja, visando o respeito dos direitos humanos e a realização dos ideais emancipatórios. Frise-se que temos conhecimento da tensão que se dá entre alguns dos autores citados, de forma que tentamos demonstrá-la durante o texto. Na realidade, o próprio ordenamento é contraditório, ensejando um cenário de disputa entre o Direito Penal e o Estado Democrático de Direito.

Nesta obra, portanto, não se visa deslegitimar ou relegitimar o sistema punitivo, porquanto se trata de questão de certa forma metafísica,[97] que findaria por questionar conceitos inquestionáveis e indefiníveis.

Assim, procedemos apenas a uma breve análise das principais

---

96 Apenas para fins elucidativos, é interessante destacar os argumentos de Lenio Luiz Streck no que concerne à relação entre constitucionalismo e democracia: "Na verdade, a afirmação da existência de uma 'tensão' irreconciliável entre constitucionalismo e democracia é um dos mitos centrais do pensamento político moderno, que entendo deva ser desmi(s)tificado. Frise-se, ademais, que, se existir alguma contraposição, esta ocorre necessariamente entre a democracia constitucional e a democracia majoritária, questão que vem abordada em autores como Dworkin (*Uma questão de princípio*, pp. 80 e ss.), *para quem a democracia constitucional pressupõe uma teoria de direitos fundamentais que tenham exatamente a função de colocar-se como limites/ freios às maiorias eventuais*" (Idem, p. 19).
97 Para fins eminentemente ilustrativos, interessante transcrever os seguintes excertos: "A metafísica é a história das características (formas) do ser, quer dizer, visto desde o ponto de vista do *Ereignis*, a história do subtrair-se do que se destina em favor das destinações de toda presentificação do que se apresenta, dada no destinar. A metafísica é o esquecimento do ser e, isto quer dizer, a história do ocultamento e da subtração daquilo que dá ser." (HEIDEGGER, Martin. *Sobre a questão do pensamento*. Petrópolis/RJ: Editora Vozes, 2009, p. 49.)
"O elemento distintivo do pensamento metafísico, elemento que erige o fundamento para o ente, reside no fato de, partindo do que se apresenta, representar a este em sua presença e assim o apresentar como fundado desde seu fundamento." (Idem, p. 66.)
"A metafísica pensa o ente enquanto tal, quer dizer, em geral. A metafísica pensa o ente enquanto tal, quer dizer, no todo. A metafísica pensa o ser do ente, tanto na unidade exploradora do mais geral, quer dizer, do que em toda parte é indiferente, como na unidade fundante da totalidade, quer dizer, do supremo acima de tudo. Assim é previamente pensado o ser do ente como o fundamento fundante. Por isso, toda a metafísica é, basicamente, desde o fundamento, o fundar que presta contas do fundamento; que lhe presta contas e finalmente lhe exige contas." (HEIDEGGER, Martin. *Que é isto – a filosofia? Identidade e diferença*. Petrópolis/RJ: Editora Vozes; São Paulo: Livraria Duas Cidades: 2009, p. 65.)
"A metafísica de Hegel e Nietzsche — em si copertinentes no interior da consumação da metafísica ocidental tal como esquerda e direita — realizam aquela interpretação do ente enquanto tal na totalidade, que não pode ser mais ultrapassada nem fundada em uma dimensão mais profunda; e isto também não naquilo que a cada vez constitui o lugar dos dois pensadores: para Hegel, a 'razão absoluta', para Nietzsche, o 'corpo' — para os dois o animal racional absoluto. A consumação da época metafísica "libera" o ser para a essência da maquinação; o homem, porém (o guardião desconhecido da verdade do ser), consuma-se de início como o desprezador da verdade sob o modo de um desprezo, para o qual precisa de qualquer modo permanecer desconhecido aquilo ao largo do que ele passa." (HEIDEGGER, Martin. *Meditação...*, *op. cit.*, p. 29.)

teorias e das ideias e conceitos mais relevantes, a fim de aplicá-los no estudo que realizaremos nos próximos capítulos.

1.3 Direitos Fundamentais

Os direitos fundamentais foram, inicialmente, ligados à noção de limitação jurídica do poder estatal, tendo se originado nas revoluções liberais do século XVIII, destacando-se o movimento Iluminista. Sobre o tema:

> Los derechos fundamentales son un producto de las revoluciones burguesas de finales del siglo XVIII y pertenecen al programa del moderno Estado constitucional, del cual proceden. (...) constituyen una forma histórica de protección jurídica de la libertad (...).[98]

Nesse momento da história, limitavam-se a restringir a atuação estatal e preservar a liberdade individual. Com o passar do tempo, diante das mudanças ocorridas na sociedade, os diretos fundamentais tiveram sua abrangência e sua eficácia ampliadas.

Sendo assim, como valores superiores de toda ordem constitucional e jurídica, devem servir de parâmetro hermenêutico, gozando de *status* jurídico reforçado e aplicabilidade imediata.

Ingo Wolfgang Sarlet elabora um conceito interessante de direitos fundamentais:

> Direitos fundamentais são, portanto, todas aquelas posições jurídicas concernentes às pessoas, que, do ponto de vista do direito constitucional positivo, foram, por seu conteúdo e importância (fundamentalidade em sentido material), integradas ao texto da Constituição e, portanto, retiradas da esfera de disponibilidade dos poderes constituídos (fundamentalidade formal), bem como as que, por seu conteúdo e significado, possam lhes ser equiparados, agregando-se à Constituição material, tendo, ou não, assento na Constituição formal (aqui considerada a abertura material do catálogo).[99]

---

98 GRIMM, Dieter. *Constitucionalismo y derechos fundamentales*. Trad. Raúl Sanz Burgos e José Luiz Muñoz de Baena Simón. Madrid: Trotta, 2006, p. 77.
99 SARLET, Ingo Wolfgang. *A eficácia dos direitos fundamentais*. Porto Alegre: Livraria do Advogado, 2009, p. 77.

Importante transcrever, também, a noção apresentada por Luigi Ferrajoli:

> Proponho uma definição teórica, puramente formal ou estrutural, de "direitos fundamentais": são "direitos fundamentais" todos aqueles direitos subjetivos que dizem respeito universalmente a "todos" os seres humanos enquanto dotados do *status* de pessoa, ou de cidadão ou de pessoa capaz de agir. Compreendo por "direito subjetivo" qualquer expectativa positiva (a prestação) ou negativa (a não lesão) vinculada a um sujeito prevista também esta por uma norma jurídica positiva qual pressuposto da sua idoneidade a ser titular de situações jurídicas e/ ou autor dos atos que estão em exercício.[100]

Destaca-se, assim, a ideia materialmente aberta, de amplitude incomparável, dos direitos fundamentais, havendo a possibilidade de se identificar e construir, até mesmo jurisprudencialmente, direitos fundamentais não escritos (ou constantes de outra parte da Constituição Federal, tratados internacionais etc.).

As garantias aos direitos fundamentais começaram a ser consagradas, como já mencionamos, em virtude das revoluções burguesas ocorridas durante o século XVIII. Na Inglaterra, contudo, dois marcos do tema em apreço datam ainda do século XVII: a *Petition of Rights*, de 1628, e a *Bill of Rights*, de 1689.[101] Nos Estados Unidos, destacou-se a *Declaration of Independence*, de 1776,[102] e, na França, a Resolução de 14 de Julho de 1789.[103]

Pode-se afirmar, no entanto, que a Alemanha foi o país em que os direitos de liberdade e igualdade, cujo cumprimento se dava através da não intervenção estatal exigida pela burguesia, evoluíram de maneira mais notável.

A propósito, Dieter Grimm esclarece que:

> *Sin embargo, con las constituciones, posteriores a 1815, del sur de Alemania y de algunos otros pequeños estados alemanes, las cosas fueron distintas. Es cierto que ninguna de ellas, a diferencia de las de Francia o América, se consiguió por medio de la lucha revolucionaria de la burgue-*

---

100 FERRAJOLI, L. *Por uma teoria...*, *op. cit.*, p. 9.
101 GRIMM, D. *Op. cit.*, p. 87.
102 Idem, p. 89.
103 Ibidem, p. 92.

sía; se trataba más bien de concesiones voluntarias de los príncipes que en ello, naturalmente, solían estar orientados por un conjunto de motivos referidos al Estado. No obstante, todas ellas comprendían catálogos de derechos de libertad e igualdad que superaban de manera considerable las concesiones del absolutismo ilustrado.[104]

Naquele ponto, tratava-se apenas de fixar um limite à intervenção estatal, preservando a autonomia individual, o que atualmente a doutrina denomina direito fundamental de primeira geração.

Sobre o tema, destaca-se:

> Outra perspectiva histórica situa a evolução dos direitos fundamentais em três gerações. A primeira delas abrange os direitos referidos nas Revoluções americana e francesa. São os primeiros a ser positivados, daí serem ditos de *primeira geração*. Pretendia-se, sobretudo, fixar uma esfera de autonomia pessoal refratária às expansões do Poder. Daí esses direitos traduzirem-se em postulados de abstenção dos governantes, criando obrigações de não fazer, de não intervir sobre aspectos da vida pessoal de cada indivíduo (...).[105]

Com as mudanças sofridas pela sociedade no decorrer da história, surgiu a necessidade de se ampliar a validade e a eficácia dos direitos fundamentais, que passaram por algumas revoluções. Nenhuma dessas expansões foi passageira ou fruto do acaso, mas sim sempre diretamente ligadas às condições que avultavam.

A primeira grande ampliação se deu quando o liberalismo — exigido em outro momento, em contraposição ao absolutismo refutado — agravou o quadro de desigualdades sociais. Sendo assim, fez-se imprescindível uma nova geração de direitos fundamentais em que fosse garantida maior igualdade através de ações estatais, mitigando o absenteísmo. Acerca do tema, observe-se:

> O descaso para com os problemas sociais, que veio a caracterizar o *État Gendarme*, associado às pressões decorrentes da industrialização em marcha, o impacto do crescimento demográfico e o agravamento das disparidades no interior da sociedade, tudo isso gerou novas reivindicações, impondo ao Estado um papel ativo na realização da justi-

---

104 Ibidem, p. 95
105 BRANCO, P. G. G.; COELHO, I. M.; MENDES, G. F. *Op. cit.,* p. 267.

ça social. O ideal absenteísta do Estado liberal não respondia, satisfatoriamente, às exigências do momento. (...) Como consequência, uma diferente pletora de direitos ganhou espaço no catálogo dos direitos fundamentais — direitos que não mais correspondem a uma pretensão de abstenção do Estado, mas que o obrigam a prestações positivas. São os direitos de segunda geração (...).[106]

Em fase mais recente, iniciou-se a defesa de bens de titularidade incerta, considerada difusa ou coletiva, o que se denominou direito fundamental de terceira geração:

> Já os direitos chamados de terceira geração peculiarizam-se pela titularidade difusa ou coletiva, uma vez que são concebidos para a proteção não do homem isoladamente, mas de coletividades, de grupos. Tem-se, aqui, o direito à paz, ao desenvolvimento, à qualidade do meio ambiente, à conservação do patrimônio histórico e cultural. [107]

Analisando-se todas as gerações de direitos fundamentais, constata-se que sempre se atribuiu ao Estado, através de omissão ou atuação, o dever de assegurar a concretização mínima de tais direitos. Destarte, a referida função serve como limite à interpretação dos direitos fundamentais, buscando reduzir ao máximo a discricionariedade estatal, como esclarece Dieter Grimm:

> *La dogmática de los derechos fundamentales se ajusta aquí a la tarea de preparar el mínimo imprescindible de contenido positivo para cualquier derecho fundamental concreto: mínimo que forma, a la vez, el límita de la interpretabilidad de los componentes jurídico-objetivos de los derechos fundamentales, así como de los límites competenciales entre política y justicia. Esto reduciría al mínimo el riesgo de discrecionalidad en la interpretación.*[108]

Outra classificação dos direitos fundamentais, com fundamento em sua titularidade, foi proposta por Luigi Ferrajoli, nos seguintes termos:

---

106 Idem, p. 267.
107 Ibidem, p. 268.
108 GRIMM, D. *Op. cit.*, p. 173.

Podemos distinguir, sobre a base da sua diversa estrutura, três grandes classes de bens fundamentais: a) os *bens personalíssimos*, que são objeto de direitos passivos consistentes unicamente em rígida imunidade ou *liberdade da* sua violação, sua apropriação ou utilização por parte dos outros: como os órgãos do corpo humano cuja integridade perfaz um todo com a salvaguarda da pessoa e da sua dignidade; b) os *bens comuns*, que são objeto de direitos ativos de liberdade, consistentes, além de imunidade de devastação e saque, também em faculdade ou *liberdade de* isto é, no direito de todos de aceder ao seu uso e gozo: como o ar, o clima e os outros bens ecológicos do planeta, de cuja tutela depende o futuro da humanidade; c) finalmente os *bens sociais*, que são objeto de direitos sociais à subsistência e à saúde garantidos pela obrigação de sua prestação: como a água, os alimentos básicos e os assim chamados "medicamentos essenciais".[109]

Deve-se salientar, ainda, que os direitos fundamentais não precisam constar de legislação infraconstitucional, posto que surgem com a Constituição e são por ela plenamente assegurados. Nesse sentido:

> Os direitos fundamentais nascem com as Constituições. Com essa afirmação pretendemos enaltecer a preexistência dos direitos fundamentais ao momento de sua configuração legislativa. Exteriorizam-se, assim, como os pressupostos do consenso sobre o qual se desenvolve qualquer sociedade democrática.[110]

Como parte do rol de direitos fundamentais dos ordenamentos jurídicos atuais, sendo eles escritos ou não, deve-se destacar o conceito de liberdade, que, muito embora seja um dos mais relevantes, é um dos menos claros. Pode-se afirmar que o direito à liberdade se apresenta como um direito à abstenção — seja do Estado ou de particulares. Nesse diapasão:

> Só se falará em liberdade jurídica quando o objeto da liberdade for uma alternativa de ação. Se o objeto da liberdade é uma alternativa de ação, falar-se-á em uma "liberdade *negativa*". Uma pessoa é livre em sentido negativo na medida em que a ela não são vedadas alternativas

---

109 FERRAJOLI, L. *Por uma teoria...*, op. cit., pp. 57-58.
110 FELDENS, Luciano. *Direitos fundamentais e direito penal*. Porto Alegre: Livraria do Advogado, 2008, p. 54.

de ação.[111]

Sendo assim, para a criação de uma situação de liberdade jurídica é necessária apenas uma abstenção estatal, ou seja, uma ação negativa, omissiva. Para a garantia da liberdade é necessário somente um direito de defesa — justamente contra ações que vão de encontro à abstenção —, pois a negação de uma liberdade não protegida é uma não liberdade. Sabe-se que normas de direitos fundamentais são normas permissivas explícitas. Ademais, se está associada a um direito ou a uma norma, uma liberdade é — deve ser — protegida. Por conseguinte, toda liberdade fundamental existe, ao menos em relação ao Estado, e é preservada, no mínimo, por um direito. Nesse sentido:

> Uma liberdade de direito fundamental existe, então, quando uma alternativa de ação se torna possível *em virtude de uma norma de direito fundamental.* (...) Restringíveis são os bens protegidos por direitos fundamentais (liberdades / situações / posições de direito ordinário) e as posições *prima facie* garantidas por princípios de direitos fundamentais.[112]

Por conseguinte, visando proteger a liberdade individual, é imprescindível uma atuação organizada dos órgãos estatais realizada através dos direitos fundamentais. Bem a propósito:

> Tendo em vista que a proteção da liberdade por meio dos direitos fundamentais é, na verdade, proteção juridicamente mediada, isto é, por meio do Direito, pode afirmar-se com segurança, na esteira do que leciona a melhor doutrina, que a Constituição (e, neste sentido, o Estado constitucional), na medida em que pressupõe uma atuação juridicamente programada e controlada dos órgãos estatais, constitui condição de existência das liberdades fundamentais, de tal sorte que os direitos fundamentais somente poderão aspirar à eficácia no âmbito de um autêntico Estado constitucional.[113]

O (neo)constitucionalismo representa uma perspectiva para-

---

111 ALEXY, Robert. *Teoria dos direitos fundamentais*. São Paulo: Malheiros, 2008, p. 222.
112 Idem, pp. 280-281.
113 SARLET, I. W. *A eficácia...*, p. 59.

digmática de forte conteúdo normativo, uma possibilidade de garantir direitos a partir de uma jurisdição constitucional. Emerge, assim, em oposição ao paradigma paleojuspositivista, um novo paradigma que assola o direito e gera uma crise advinda de barreiras impostas à plena implementação do Estado Democrático de Direito. No tocante ao assunto, destaca-se:

> (...) a dimensão da crise faz com que não cause maiores perplexidades (na comunidade jurídica) o modo-de-agir dos juristas que, sob uma outra perspectiva, negam a validade da Constituição como instituidora de um novo *modus* interpretativo, apto a superar o modelo subsuntivo próprio do (ainda) prevalecente positivismo jurídico (...).[114]

Os direitos fundamentais são elementos essenciais da ordem jurídica nacional; possuem, ainda, validez universal, haja vista traduzirem os direitos do homem, independentemente de positivação. A Constituição da República Federativa do Brasil de 1988, de caráter analítico, programático, pluralista e dirigente, promulgada após a redemocratização do país, inovou quanto aos direitos fundamentais. Até mesmo sua localização no texto constitucional demonstra a relevância dos preceitos. Acerca do tema, extrai-se da obra de Ingo Sarlet:

> Direitos fundamentais são, portanto, todas aquelas posições jurídicas concernentes às pessoas, que, do ponto de vista do direito constitucional positivo, foram, por seu conteúdo e importância (fundamentalidade em sentido material), integradas ao texto da Constituição e, portanto, retiradas da esfera de disponibilidade dos poderes constituídos (fundamentalidade formal), bem como as que, por seu conteúdo e significado, possam lhes ser equiparados, agregando-se à Constituição material, tendo, ou não, assento na Constituição formal (aqui considerada a abertura material do catálogo).[115]

Dentro da carta constitucional, o sistema dos direitos fundamentais é separado e fechado, devendo ser tratado de forma absolutamente distinta dos demais preceitos. Os direitos à vida, à liberdade e à igualda-

---

114 STRECK, L. L. *Verdade e...*, p. 199.
115 SARLET, I. W. *Op. Cit.*, p. 77.

de correspondem diretamente às exigências mais elementares da dignidade da pessoa humana; afinal, todos os direitos fundamentais encontram nela sua vertente. Trata-se de uma categoria axiológica aberta, que se caracteriza simultaneamente como limite e tarefa dos poderes estatais, apresentando as funções instrumental, integradora e hermenêutica.

João dos Passos Martins Neto assim conceitua os direitos fundamentais, relacionando-os (mas não os igualando) à fundamentalidade e imutabilidade:

> Numa única linha, podemos então identificar os direitos fundamentais como *direitos subjetivos pétreos*. Naturalmente, com isso não se quer sugerir que *fundamental* seja sinônimo de *pétreo,* porque de fato, no nível semântico corrente, *fundamental* quer dizer essencial, vital, indispensável e *pétreo* quer dizer resistente, duro, intrépido. O que se postula, no entanto, é que ambos os termos estão, um para o outro, numa relação essencial e determinante, de modo tal que somente serão *verdadeiramente fundamentais* aqueles direitos subjetivos imunizados contra o constituinte reformador por obra de uma *cláusula pétrea.*[116]

Os direitos fundamentais poderiam ser considerados restrições à sua própria restrição e restringibilidade, enquanto a dignidade da pessoa humana serviria como limitação às restrições aos direitos fundamentais. Nesse diapasão:

> (...) a dignidade da pessoa atua simultaneamente como limite dos direitos e limite dos limites, isto é, barreira última contra a atividade restritiva dos direitos fundamentais, o que efetivamente não afasta a controvérsia sobre o próprio conteúdo da dignidade e a existência, ou não, de uma violação do seu âmbito de proteção.[117]

Isso, porque:

> (...) a dignidade da pessoa humana, na condição de valor (e princípio normativo) fundamental que "atrai o conteúdo de todos os direitos fundamentais", exige e pressupõe o reconhecimento e proteção dos di-

---

116 MARTINS NETO, João dos Passos. *Direitos fundamentais: conceito, função e tipos.* São Paulo: Revista dos Tribunais, 2003, p. 87.
117 SARLET, I. W. *Dignidade da pessoa humana e direitos fundamentais na Constituição da República Federativa do Brasil de 1988.* Porto Alegre: Livraria do Advogado, 2006, p. 124.

reitos fundamentais de todas as dimensões (ou gerações, se assim preferirmos). Assim, sem que se reconheçam à pessoa humana os direitos fundamentais que lhe são inerentes, em verdade estar-se-á negando-lhe a própria dignidade.[118]

Ingo Wolfgang Sarlet salienta que a liberdade (junto aos valores de igualdade e justiça) configura condição de existência e legitimidade para o Estado Democrático e Social de Direito:

> Além da íntima vinculação entre as noções de Estado de Direito, Constituição e direitos fundamentais, estes, sob o aspecto de concretizações do princípio da dignidade da pessoa humana, bem como dos valores da igualdade, liberdade e justiça, constituem condição de existência e medida da legitimidade de um autêntico Estado Democrático e Social de Direito, tal qual como consagrado também em nosso direito constitucional positivo vigente.[119]

O princípio da liberdade negativa, ou seja, o direito à abstenção por parte do Estado ou de particulares, é apenas uma das condições para a garantia da dignidade humana, mas um de seus principais pressupostos. Sobre o tema, Robert Alexy elucida que:

> Quem utiliza o princípio da dignidade humana como fundamento para o princípio da liberdade negativa não deduz simplesmente esse daquele, ele se apoia na verdade em uma particularização, nos termos do seguinte esquema dedutivo:
> — É obrigatório que a dignidade humana seja respeitada e protegida.
> — Se o princípio da liberdade negativa não existir, a dignidade humana não será nem respeitada, nem protegida.
> — O princípio da liberdade negativa deve existir.[120]

O autor lembra ainda que há quem (radicalmente) sustente que:

> (...) o direito geral de liberdade — em razão de seu suporte fático extremamente amplo, que abarca não apenas todas as ações, mas também todos os estados e todas as posições jurídicas do titular do

---

118 Idem, pp. 84-85.
119 Ibidem, p. 62.
120 ALEXY, R., *Op. cit.*, p. 374.

direito fundamenta, e em razão de sua cláusula de restrição, que não apenas *sempre*, como também *tão-somente* permite intervenções que sejam formal e materialmente compatíveis com a Constituição — implicaria a aceitação de um direito fundamental à constitucionalidade da totalidade das ações estatais. No entanto, um tal direito fundamental implicaria a "subjetivização dos princípios constitucionais jurídico--objetivos" e levaria a uma extensão processualmente insustentável do campo da reclamação constitucional.[121]

A Constituição, independentemente de ser escrita, é considerada o Direito fundamental de um povo, motivo pelo qual os direitos por ela açambarcados devem ser garantidos, como se extrai da obra de Ronald Dworkin:

> A ideia da Constituição como o Direito fundamental está tão cimentada nos pressupostos comuns que constituem nossa ordem jurídica que uma interpretação que a negasse seria a interpretação de outra coisa completamente diferente, como uma interpretação de estilos arquitetônicos que afirmasse que a catedral de Chartres não é gótica, ou uma interpretação de Hamlet que ignorasse o príncipe.[122]

O autor trata ainda das escolhas que um jurista pode fazer ao formular a intenção constitucional:

> Devemos considerar, nesta seção, a variedade de escolhas de que dispõe um jurista para idealizar ou formular uma concepção de intenção constitucional. Poderíamos começar por uma distinção geral entre a concepção psicológica pura e ao que chamarei de concepção mista. Uma concepção psicológica pura sustenta que uma intenção constitucional é constitucional apenas por processos ou disposições mentais selecionados ou outros estados psicológicos de indivíduos identificados, como congressistas ou delegados de uma convenção constitucional. Uma concepção mista, por outro lado, considera a intenção constitucional constituída parcialmente por algumas características mais "objetivas" — por exemplo, a leitura "natural" do documento. Ou, de maneira diferente, o conjunto de valores ou propósitos que o esquema do documento, tomado como um todo, supõe ou promove. Ou o significado que um membro inteligente e reflexivo da comunidade

---

121 Idem, p. 381.
122 DWORKIN, Ronald. *Uma questão de princípio.* São Paulo: Martins Fontes, 2000, p. 49.

vincularia ou deveria vincular ao documento. (Esses são meramente exemplos de formas que uma concepção mista poderia assumir.) Os estados psicológicos irão figurar numa concepção mista, mas não serão tudo.[123]

Em breve resumo, expusemos a origem e a evolução dos direitos fundamentais, bem como o caráter que lhes deve ser conferido pelos juristas diante das intenções do Constituinte e do atual paradigma constitucional, levando sempre em consideração o Estado Democrático de Direito e a necessidade de se priorizar a dignidade da pessoa humana.

O estudo dos conceitos e teorias mencionados, mesmo que de maneira sucinta, é essencial à compreensão do próximo capítulo.

---

123 Idem, pp. 56-57.

2. O PRINCÍPIO DA PROPORCIONALIDADE COMO FORMA DE PROTEÇÃO DOS BENS JURÍDICOS

2.1 O princípio da proporcionalidade

Como tentaremos demonstrar nas próximas páginas, o princípio da proporcionalidade implícito na Constituição Federal de 1988 é uma forma de garantir a justiça, a liberdade, a igualdade e a dignidade da pessoa humana. Ou seja, tem uma importância muitas vezes esquecida ou minimizada pelos operadores do Direito.

A construção teórica da proporcionalidade é aplicável a todo direito, podendo-se observá-la, mesmo que de forma equivocada, desde há muito tempo.

Bem a propósito, Ingo Wolfgang Sarlet se manifesta no prefácio da obra de Luciano Feldens:

> Hoje são poucos os que teimam em desconsiderar (pelo menos na esfera do debate público) que o Direito Penal somente poderá ser aplicado com pretensão de justiça no marco político e jurídico-constitucional do Estado Democrático de Direito em sintonia com os direitos fundamentais e, por isto mesmo, também em consonância com o princípio da proporcionalidade (a despeito de toda a controvérsia que o cerca), especialmente naquilo em que este veda a ação arbitrária do Estado e se manifesta como sendo uma exigência da própria isonomia.[124]

A primeira ressalva que se deve fazer é que tal princípio não está restrito ao Poder Judiciário, mas impõe seu respeito especialmente a partir da confecção de leis. Acerca do tema, Marcus Alan de Melo Go-

---

124 SARLET, Ingo Wolfgang. In: FELDENS, Luciano. *Direitos fundamentais e direito penal*. Porto Alegre: Livraria do Advogado, 2008, p. 7.

mes assevera que:

> (...) é forçoso reconhecer que o emprego do termo excesso significa que a violação da proporcionalidade na ordem jurídica alemã não se caracteriza apenas com a prática de atos que afrontem direitos ou liberdades fundamentais, mas sim com qualquer atividade do Estado — sobretudo no que concerne à elaboração de leis — que exceda da autorização constitucional, ou seja, que vá além daquilo que a Constituição permite.[125]

Todavia, é imprescindível falar da aplicação do princípio da proporcionalidade diante de casos concretos em uma instância judicial, como destaca Paulo Bonavides:

> Depois de reconhecer que a noção de proporcionalidade entre fim e meio repousa, em última análise, sobre um postulado de justiça para o caso concreto, sobre o *suum cuique* ou sobre uma diligência para harmonizar direitos antagônicos, Gentz assinala que o frequente uso do princípio tende todavia a transformá-lo num chavão rígido ou num mero apelo geral à justiça, tão indeterminado que de nada serve para a decisão de um problema jurídico, abrindo assim a porta, acrescenta, "a um sentimento incontrolável e descontrolado de justiça que substitui as valorações objetivas da Constituição e da lei por aquelas subjetivas do juiz".[126]

Dentro do modelo de princípios, consideramos possível falar em restrição a direitos fundamentais. As normas só poderiam restringi-los se fossem compatíveis com a Constituição, porque os direitos fundamentais têm hierarquia constitucional. Os princípios também poderiam fazê-lo, mas seria necessário um sopesamento entre o princípio constitucional atingido e aquele que o restringe. A propósito, extrai-se da obra de Robert Alexy:

> Da natureza principiológica das normas de direitos fundamentais decorriam não apenas a restrição e a restringibilidade dos direitos fundamentais em face dos princípios colidentes, mas também que sua

---

125 GOMES, M. A. M. *Op. cit.*, p. 149.
126 BONAVIDES, P. *Op. cit.*, p. 433.

restrição e sua restringibilidade têm limites.[127]

Assim, a garantia do conteúdo essencial não criaria, em relação à máxima da proporcionalidade, nenhum limite adicional à restringibilidade dos direitos fundamentais. Bastaria, de acordo com Robert Alexy, que as razões que justificam a afetação de um direito tivessem a mesma relevância que o *desequilíbrio* causado:

> A lei do sopesamento exige, no caso de um aumento na intensidade da afetação da liberdade, que o peso das razões que fundamentam essa afetação também aumente.[128]

Há, destarte, uma estreita conexão entre a teoria dos princípios e a máxima proporcionalidade. Bem a propósito:

> Segundo a teoria relativa, o conteúdo essencial é aquilo que resta após o sopesamento. Restrições que respeitem a máxima da proporcionalidade não violam a garantia do conteúdo essencial nem mesmo se, no caso concreto, nada restar do direito fundamental. A garantia do conteúdo essencial é reduzida à máxima da proporcionalidade.[129]

A respeito do tema, cabe destacar a seguinte lição:

> O fundamento do princípio da proporcionalidade é apreendido de forma diversa pela doutrina. Vozes eminentes sustentam que a base do princípio da proporcionalidade residiria nos direitos fundamentais. Outros afirmam que tal postulado configuraria expressão do Estado de Direito, tendo em vista também o seu desenvolvimento histórico a partir do Poder de Polícia do Estado. Ou, ainda, sustentam outros, cuidar-se-ia de um postulado jurídico com raiz no direito suprapositivo.[130]

No âmbito do Direito Penal, Juarez Cirino dos Santos conceitua o princípio da proporcionalidade como harmonizador de princípios, meios e fins, ligando-o à Criminologia Crítica. Vejamos:

---

127 ALEXY, R. *Op. cit.*, pp. 295-296.
128 Ibidem, p. 352.
129 Ibidem, pp. 297-298.
130 BRANCO, P. G. G.; COELHO, I. M.; MENDES, G. F. *Op. cit.*, pp. 356-357.

Em síntese, a otimização das possibilidades reais e jurídicas objeto do *Verhältnismässigkeitsgrundsatz* — para continuar empregando a terminologia de ALEXY — tem por objetivo integrar princípios, meios e fins em unidades jurídicas e reais coerentes — ou seja, harmonizar os meios e os fins da realidade com os princípios jurídicos fundamentais do povo. O princípio da proporcionalidade no Direito Penal coincide com análises da Criminologia Crítica — como Sociologia do Direito Penal —, que estuda a adequação e a necessidade da pena criminal para proteção de bens jurídicos, do ponto de vista dos princípios jurídicos do discurso punitivo.[131]

Ainda acerca da proporcionalidade no âmbito do direito penal, cabe transcrever os argumentos expostos por Marcus Alan de Melo Gomes:

Vê-se que a proporcionalidade em matéria penal é decorrência, na verdade, de valores albergados no corpo da Constituição. Ao eleger a realização do Estado Democrático de Direito como meta de todos, o legislador constituinte converteu a proporcionalidade em um cânone implícito da Carta Maior. Afinal de contas, como seria possível construir uma sociedade baseada no pleno respeito aos direitos e garantias fundamentais, no livre exercício das liberdades públicas — liberdade de ir e vir, liberdade de pensar, liberdade de se expressar, liberdade para participar da vida política do Estado etc. — sem um critério de equilíbrio entre esse exercício e o poder estatal de restringi-lo?[132]

Em face do princípio da proporcionalidade, especificamente no que concerne à criminalização, Juarez Cirino dos Santos faz considerações atinentes não apenas à hierarquização de bens jurídicos, mas também às desvantagens financeiras que o Estado sofre ao executar penas criminais:

O princípio da proporcionalidade abstrata limita a criminalização primária às hipóteses de graves violações de direitos humanos — ou seja, lesões insignificantes de bens jurídicos são excluídas, também, pelo princípio da proporcionalidade — e delimita a cominação de penas criminais conforme a natureza e extensão do dano social produzi-

---

131 SANTOS, J. C. *Op. cit.*, p. 28.
132 GOMES, M A. M. *Op. cit.*, p. 152.

do pelo crime. Neste aspecto, a proposta de hierarquização da lesão de bens jurídicos é essencial para adequar as escalas penais ao princípio da proporcionalidade abstrata: por exemplo, penas por lesões contra a propriedade não podem ser superiores às penas por lesões contra a vida, como ocorre na lei penal brasileira.

Por outro lado, o princípio da proporcionalidade concreta permite equacionar os custos individuais e sociais da criminalização secundária, em relação à aplicação e execução da pena criminal. Assim, para usar um conceito de jargão econômico, a aplicação e execução das penas criminais mostram a enorme desproporção da relação custo/ benefício entre crime e pena, além dos imensos custos sociais específicos para o condenado, para a família do condenado e para a sociedade.[133]

Já Dieter Grimm tece as seguintes considerações no tocante ao princípio da proporcionalidade e sua relação com os direitos fundamentais:

> *El descubrimiento del principio de proporcionalidad y el despliegue del contenido jurídico objetivo de los derechos fundamentales se han mostrado como las innovaciones de mayores consecuencias en la dogmática de los derechos fundamentales de la posguerra. Pero, a la vez que el principio fundamental de proporcionalidad progresa en el marco de la conocida defensa negativa de los derechos fundamentales y se refuerza decisivamente el poder defensivo de éstos contra las intromisiones del Estado en la libertad, la comprensión jurídico-objetiva abre a los derechos fundamentales un área de aplicación enteramente nueva. De esta interpretación de los derechos fundamentales se derivan, de forma paulatina, su irradiación a las relaciones de derecho privado, la denominada eficacia frente a terceros, los derechos originarios a prestaciones o derechos de participación de los individuos frente al Estado, el deber de protección por parte del Estado de las libertades aseguradas por derechos fundamentales, las garantías procesales de los procesos estatales de decisión de los que puedan derivarse perjuicios para los derechos fundamentales, los principios de organización de las instituciones públicas en privas en las cuales los derechos fundamentales se hacen valer según el principio de la división de funciones; y aún serían posibles nuevos pasos. Así, los derechos fundamentales, en primer lugar, no se refieren ya unilateralmente al Estado, sino que se vuelven normativos también para el orden social; en segundo lugar, se desvinculan de la función unilateral de protección y sirven, asimismo, como fundamento de los deberes de actuación esta-*

---

133 SANTOS, J. C. *Op. cit.*, pp. 28-29.

tal.[134]

Com base nessa definição, que talvez seja a mais abrangente quanto ao princípio em apreço, torna-se necessário partir para aspectos mais aprofundados, como sua origem, seu desenvolvimento e sua concepção atual.

2.1.1 O princípio da proporcionalidade como parâmetro para dirimir conflitos

Não obstante não seja tal tema o protagonista deste trabalho, é interessante tratar da noção de princípios e, assim, da proporcionalidade utilizada como critério para dirimir conflitos entre direitos fundamentais, sem nos estendermos além do necessário para a elucidação dos principais pontos. Isso, diante da dimensão que se tem dado ao seu estudo e da relevância das conclusões a que se pode chegar, com base nas premissas admitidas por seus defensores.

Frise-se, assim, que estamos optando pelo desrespeito à ordem cronológica nos assuntos tratados nos sub-itens de modo a facilitar a compreensão dos tópicos que serão abordados adiante, de maior relevo para este livro.

Inicialmente, devemos destacar que há quem defenda o uso de critérios referenciais para um conceito material de direitos fundamentais, em especial o critério implícito da equivalência, através de relações de similitude.

Também como introdução, é importante mencionar as ideias de Robert Alexy quanto ao conceito de normas, que abrangeria tanto regras quanto princípios, tendo em vista que ambos preceituam juízos deônticos:

> Tanto regras quanto princípios são normas, porque ambos dizem o que deve ser. Ambos podem ser formulados por meio das expressões deônticas básicas do dever, da permissão e da proibição. Princípios são, tanto quanto as regras, razões para juízos concretos de dever-ser, ainda que de espécie muito diferente. A distinção entre regras e princí-

---

134 GRIMM, D. *Op. cit.*, pp. 155-156.

pios é, portanto, uma distinção entre duas espécies de normas.[135]

Os princípios caracterizam normas com grau de generalidade relativamente alto, ordenando que algo seja realizado na maior medida possível dentro das possibilidades jurídicas e fáticas existentes. São *mandamentos de otimização*. Constatamos, assim, que o âmbito das possibilidades jurídicas é determinado por princípios e regras colidentes. Já as regras contêm determinações no âmbito do que é fática e juridicamente possível; não configuram mandamentos. Trata-se, portanto, de distinção qualitativa, não de grau, como se costuma pensar. A respeito dos critérios utilizados para distinguir regras e princípios, Robert Alexy elucida que:

> Outros critérios discutidos são a "determinabilidade dos casos de aplicação", a forma de seu surgimento — por exemplo, por meio da diferenciação entre normas "criadas" e normas "desenvolvidas" —, o caráter explícito de seu conteúdo axiológico, a referência à ideia de direito ou a uma lei jurídica suprema e a importância para a ordem jurídica.[136]

Quando ocorre um conflito entre regras, seria necessário introduzir uma cláusula de exceção que eliminasse o conflito, ou declarar uma delas inválida. Independentemente do rumo tomado, a decisão versaria sempre sobre validade.

De modo diverso, a colisão entre princípios deveria ser resolvida da seguinte maneira:

> As colisões entre princípios devem ser solucionadas de forma completamente diversa. Se dois princípios colidem — o que ocorre, por exemplo, quando algo é proibido de acordo com um princípio e, de acordo com o outro, permitido —, um dos princípios terá que ceder. Isso não significa, contudo, nem que o princípio cedente deva ser declarado inválido, nem que nele deverá ser introduzida uma cláusula de exceção. Na verdade, o que ocorre é que um dos princípios tem precedência em face do outro sob determinadas condições. Sob outras condições a questão da precedência pode ser resolvida de forma

---

135 ALEXY, R. *Op. cit.*, p. 87.
136 Idem, p. 88.

oposta.[137]

Isso, porque as colisões entre princípios ocorreriam na dimensão do peso, não da validade, como no caso das regras. E, para tanto, seria necessário analisar cada caso concreto:

> É possível falar também em relações de precedências "abstratas" ou "absolutas". O Tribunal Constitucional Federal [alemão] excluiu a possibilidade dessa forma de relação de precedência com a afirmação: "nenhum desses interesses goza, em si mesmo, de precedência sobre o outro". Essa afirmação vale de forma geral para as colisões entre princípios de direito constitucional.
> (...)
> As condições sob as quais um princípio tem precedência em face de outro constituem o suporte fático de uma regra que expressa a consequência jurídica do princípio que tem precedência.[138]

A lei de colisão é um dos fundamentos da teoria dos princípios defendida pelo autor supracitado. Assim, é necessário ver qual interesse deve ceder, levando-se em consideração o caso e as circunstâncias em que os direitos e seus detentores se encontram. Vejamos:

> Como resultado de todo sopesamento que seja correto do ponto de vista dos direitos fundamentais pode ser formulada uma norma de direito fundamental atribuída, que tem estrutura de uma regra e à qual o caso pode ser subsumido. Nesse sentido, mesmo que todas as normas de direitos fundamentais diretamente estabelecidas tivessem a estrutura de princípios — o que, como ainda será demonstrado, não ocorre —, ainda assim haveria normas de direitos fundamentais com a estrutura de princípios e normas de direitos fundamentais com a estrutura de regras.[139]

Os princípios não contêm um mandamento definitivo, mas apenas *prima facie*, ao contrário do que ocorre com as regras, o que justifica a necessidade de se verificar quando devem ceder diante de outro princípio, dadas as circunstâncias.

---

137 Ibidem, p. 93.
138 Ibidem, pp. 97-99.
139 Ibidem, p. 102.

No modelo sustentado por Ronald Dworkin, os princípios indicam direção, mas não têm uma decisão como consequência. Tal afirmação talvez peque pela simplicidade, pois as cláusulas de exceção introduzidas em virtude de princípios não são nem mesmo teoricamente enumeráveis.

De acordo com a lei de colisão, sustentada por Robert Alexy, a definição de uma relação de preferência é a definição de uma regra que deve ser aplicada àquele caso concreto.

Há uma corrente que defende a existência de princípios absolutos, os quais sempre prevaleceriam diante do conflito com normas ou outros princípios — os princípios podem se referir tanto a direitos individuais quanto a interesses coletivos. Tal conceito não é, contudo, compatível com os direitos individuais.

A máxima da proporcionalidade está estreitamente conectada com a teoria dos princípios, em razão da necessidade de sopesar a relevância da aplicação de cada princípio no caso concreto:

> Visto que a aplicação de princípios válidos — caso sejam aplicáveis — é obrigatória, e visto que para essa aplicação, nos casos de colisão, é necessário um sopesamento, o caráter principiológico das normas de direito fundamental implica a necessidade de um sopesamento quando elas colidem com princípios antagônicos.[140]

Poder-se-ia questionar, inclusive, se é mais importante ter uma Constituição de princípios (grandiosa, mas perigosa) ou de detalhes (aparentemente mais segura, porém mais mundana).[141] Ingo Sarlet também discorre sobre o assunto, abordando a frequência dos conflitos e tendo em vista o caráter analítico da Carta Constitucional brasileira:

> Situações de colisão de direitos fundamentais afiguram-se cada vez mais frequentes na prática jurídica brasileira devido ao alargamento do âmbito e da intensidade de proteção dos direitos fundamentais levado a cabo pela Constituição Federal de 1988, notadamente em função do já referido caráter analítico do catálogo constitucional de direitos.[142]

---

140 Ibidem, pp. 117-118.
141 DWORKIN, Ronald. *Domínio da vida: aborto, eutanásia e liberdades individuais.* São Paulo: Martins Fontes, 2003, p. 170.
142 SARLET, Ingo Wolfgang. *A eficácia...,* p. 394.

O Constituinte perdeu, contudo, a oportunidade de prever expressamente a restrição de direitos fundamentais:

> Importante lacuna deixada pelo Constituinte diz com a ausência de previsão de normas genéricas expressas sobre as restrições aos direitos fundamentais, o que, na verdade, não encontra maior justificativa, já que não faltaram exemplos concretos de ampla aceitação no direito comparado.[143]

Robert Alexy defende que a solução para conflitos entre a liberdade e outros direitos é a própria relativização da incompatibilidade com os direitos fundamentais.[144]

Neste momento faz-se necessário abordar, muito embora de forma breve e superficial, a teoria neoconstitucional da qual deriva tal método para dirimir conflitos.

Inicialmente, deve-se salientar que o neoconstitucionalismo não pode ser confundido com o constitucionalismo garantista, não obstante este seja um equívoco observado com frequência.

Nesse sentido, Luigi Ferrajoli, ao defender as ideias da teoria que denomina "constitucionalismo rígido" (garantismo), esclarece:

> (...) o constitucionalismo pode ser concebido de duas maneiras opostas. De um lado, ele pode ser entendido como a superação — em sentido tendencialmente jusnaturalista — do positivismo jurídico; ou, de outro, como o seu completamento. A primeira concepção, etiquetada como "neoconstitucionalista", é certamente a mais difundida. A finalidade desta intervenção é sustentar, ao contrário, uma concepção juspositivista do constitucionalismo, que aqui chamarei "garantista".[145]

Uma análise um pouco mais aprofundada (e também mais justa) do neoconstitucionalismo deveria ser objeto de obra própria, assim como sua distinção do garantismo. No entanto, é importante traçar ao menos seus contornos para situar as funções atribuídas ao princípio da

---

143 Idem, p. 69.
144 ALEXY, R. *Op. cit.*, p. 391.
145 FERRAJOLI, Luigi. "Constitucionalismo garantista e neoconstitucionalismo". In: *IX Simpósio Nacional de Direito Constitucional*. Curitiba: Academia Brasileira de Direito Constitucional, 2010, p. 33.

proporcionalidade e, especialmente, o conceito adotado neste livro.

Por um lado, o garantismo trabalha com a ideia de separação entre direito e moral, entre ser e dever ser, entre efetividade e normatividade. O direito funciona, assim, como um sistema de controle ao Estado para a proteção de bens e interesses cuja relevância exija sua garantia, sem relativizar o conteúdo das normas. Vejamos:

> O constitucionalismo rígido, como escrevi inúmeras vezes, não é então uma superação, mas sim um reforço do positivismo jurídico, por ele alargado em razão de suas próprias escolhas — os direitos fundamentais estipulados nas normas constitucionais — que devem orientar a produção do direito positivo.[146]

Já o neoconstitucionalismo baseia-se preponderantemente nas seguintes premissas:

a) mais princípios do que regras;

b) onipresença judicial;

c) ponderação acima da subsunção (muito embora esta também deva ocorrer).

A respeito do assunto, Luis Prieto Sanchis leciona:

> *El neoconstitucionalismo reúne elementos de estas dos tradiciones: fuerte contenido normativo y garantía jurisdiccional.*[147]

> *(...) más principios que reglas; más ponderación que subsunción; omnipresencia de la Constitución en todas las áreas jurídicas y en todos los conflictos mínimamente relevantes, en lugar de espacios exentos en favor de la opción legislativa o reglamentaria; omnipotencia judicial en lugar de autonomía del legislador ordinario; y, por último, coexistencia de una constelación plural de valores, a veces tendencialmente contradictorios, en lugar de homogeneidad ideológica en torno a un puñado de principios coherentes entre sí y en torno, sobre todo, a las sucesivas opciones legislativas.*[148]

Dentro da teoria neoconstitucional, a proporcionalidade serve

---

146   Idem, p. 37.
147   SANCHIS, Luis Prieto. "Neoconstitucionalismo y Ponderación Judicial". In: (*Neo*) *constitucionalismos*. Org. Miguel Carbonell. Madrid: Trotta, 2003, p. 126.
148   Idem, pp. 131-132.

à mitigação de determinados direitos em prol de outros, considerados mais relevantes em determinado caso concreto, o que não é aceito na concepção da teoria garantista.

Isso pode resultar em decisões judiciais baseadas meramente em convicções íntimas e morais, sob o argumento de se aplicar o sopesamento. Sobre o tema, extrai-se da obra de Miguel Carbonell:

> *Además, los jueces se las tienen que ver con la dificultad de trabajar con "valores" que están constitucionalizados y que requieren una tarea hermenéutica que sea capaz de aplicarlos a los casos concretos de forma justificada y razonable, dotándolos de esa manera de contenidos normativos concretos. Y todo ello sin que, tomando como base tales valores constitucionalizados, el juez constitucional pueda disfrazar como decisión del poder constituyente, lo que en realidad es una decisión más o menos libre del proprio juzgador. A partir de tales necesidades se generan y recrean una serie de equilibrios nada fáciles de mantener.*[149]

Os seguintes excertos de palestra proferida por Luigi Ferrajoli na cidade de Curitiba em 2010 são extremamente relevantes para compreender a distinção entre o constitucionalismo garantista e o neoconstitucionalismo:

> Em síntese, bem mais que no modelo neoconstitucionalista — que confia a solução das aporias e dos conflitos entre direitos à ponderação judicial, inevitavelmente discricionária mesmo quando argumentada, enfraquecendo, assim, a normatividade das Constituições e a fonte de legitimação da jurisdição —, o paradigma do constitucionalismo rígido limita e vincula de modo bem mais forte o Poder Judiciário, em conformidade com o princípio da separação de poderes e com a natureza tanto mais legítima quanto mais cognitiva — e não discricionária — da jurisdição. Os juízes, com base em tal paradigma, não podem criar normas, o que implicaria uma invasão no campo da legislação, mas somente censurar a sua invalidade por violação à Constituição, anulando-as no âmbito da jurisdição constitucional, ou, então, desaplicando-as ou suscitando exceções de inconstitucionalidade no âmbito da jurisdição ordinária; em ambos os casos, intervindo, assim, não na esfera legítima, mas na esfera ilegítima da política. A legitimi-

---

149 CARBONELL, Miguel. "El neoconstitucionalismo en su laberinto". In: *Teoría del neoconstitucionalismo. Ensayos escogidos*. Org. Miguel Carnonell. Madrid: Trotta, 2007, p. 10.

dade da jurisdição se funda, na verdade, a meu ver, sobre o caráter mais cognitivo possível da subsunção e da aplicação da lei, dependente por sua vez — bem mais do que pela formulação como regra — do grau de taxatividade e de determinação da linguagem legal; enquanto a indeterminação normativa e a consequente discricionariedade judicial são um fator de deslegitimação da atividade do juiz. O cognitivismo judiciário (*veritas non autorictas facit iudicium*), mesmo como ideal regulativo, é, na verdade, a outra face do princípio da legalidade (*auctoritas non veritas facit legem*).[150]

Ao contrário, o constitucionalismo garantista, teorizando o desnível normativo e a consequente divergência entre normas constitucionais sobre a produção de normas legislativas produzidas, impõe reconhecer, como sua inevitável consequência, o direito ilegítimo inválido por comissão ou inadimplente por omissão, porque violam seu "dever ser jurídico". E, portanto, confere à ciência jurídica um papel crítico do próprio direito: das antinomias, geradas pela indevida presença de normas em contraste, e das lacunas, geradas pela indevida falta de normas implícitas em princípios constitucionais. Comporta, em síntese, o reconhecimento de uma normatividade forte das Constituições rígidas, em razão da qual, posto um direito fundamental constitucionalmente estabelecido, se a Constituição é levada a sério, não devem existir normas com ele em contradição e deve existir — no sentido de que deve ser encontrado através de interpretação sistemática, ou deve ser introduzido mediante legislação ordinária — o dever correspondente por parte da esfera pública. Trata-se de uma normatividade relacionada, em via primária, à legislação, à qual impõe evitar as antinomias e colmatar as lacunas com leis idôneas de atuação; e, em via secundária, à jurisdição, à qual impõe remover as antinomias e apontar as lacunas.[151]

Pode-se afirmar, diante do exposto, que a noção de proporcionalidade (ponderação ou sopesamento) apresentada por Robert Alexy é maculada pela discricionariedade. Não se trata de subsunção das normas ao caso concreto e posterior ponderação, mas de discricionariedade do legislador ou do próprio aplicador do direito encobrindo a compreensão, motivo pelo qual sua aplicação não se mostra suficiente e adequada.

---

150 FERRAJOLI, L. *Constitucionalismo...*, p. 41.
151 Idem, pp. 50-51.

Observe-se que o próprio autor admite a ocorrência de discricionariedade para resolução das questões:

> Os direitos fundamentais não são um objeto passível de ser dividido de uma forma tão refinada que exclua impasses estruturais — ou seja, impasses reais no sopesamento —, de forma a torná-los praticamente sem importância. Nesse caso, então, de fato existe uma discricionariedade para sopesar, uma discricionariedade estrutural tanto do Legislativo quanto do Judiciário.[152]

Não é possível, certamente, que a noção de proporcionalidade ou de aplicação de princípios leve à insegurança e à incerteza jurídicas, passando a existir um direito casuístico e discricionário. Nesse sentido:

> Parcela expressiva dos juristas ligados à teoria do direito e à teoria constitucional não se deu conta de que a superação do modelo de regras implica uma profunda alteração no direito, porque, através dos princípios, passa a canalizar para o âmbito das Constituições o elemento do mundo prático. Mas isso não pode significar o apelo a uma pragmática de cariz fragmentário e realista, pela qual as decisões passam a ser casuísticas, em que o assim denominado "caso concreto" é significado a partir de um "isolamento de sentido", como se ele fosse único e pudesse assim ser resolvido, sem estar integrado, de forma coerente, com outros casos, que também são concretos (aliás, um caso é sempre concreto, ou não é caso).[153]

Por conseguinte, não basta que se faça uma operação quase aritmética de sopesamento ou ponderação (Robert Alexy apresenta inclusive fórmulas que devem ser utilizadas) derivada do caso concreto; pelo contrário, é indispensável que se realize a subsunção das circunstâncias a todo o ordenamento jurídico, que está impregnado de incoerências, redundâncias e elementos abstratos. A esse respeito, destaca-se:

> A subsunção deve ser entendida no contexto paradigmático da relação sujeito-objeto, portanto, nos marcos da filosofia da consciência, em que o sujeito é o encarregado de fazer essa operação mental entre a sua subjetividade e a coisa. Não é correto, assim, pensar que subsumir

---

152 ALEXY, R. *Op. cit.*, p. 611.
153 STRECK, L. L. *Verdade...*, *op. cit.*, p. 226.

é uma "adequação" de um caso fácil entre um dispositivo legal sem vaguezas e ambiguidades e a situação concreta, como se ocorresse um "acoplamento" do conceito com a coisa.[154]

Esperamos ter esclarecido, de forma concisa, a relevância dos princípios nos ordenamentos jurídicos, especialmente no brasileiro, e sua repercussão na concretização dos direitos fundamentais expressos na Constituição Federal ou meramente implícitos.

2.1.2 Origem do princípio da proporcionalidade

A aplicação do princípio da proporcionalidade na determinação das penas referentes a crimes é tão antiga que não chega a ser possível datar sua origem. Talvez o primeiro registro de que se disponha seja o Código de Hamurabi, do reino da Babilônia (cujo monólito se encontra atualmente no museu do Louvre, em Paris). Em suas disposições, de quase dois mil anos antes de Cristo, incluía-se a Lei do Talião (observe--se que a expressão Talião tem origem na palavra *talis* —latim para "tal", ou seja, parte da ideia de igualdade): *olho por olho, dente por dente*.

Também no direito romano, a Lei das XII Tábuas (*Lex duodecim tabularum*) consagrou o princípio da proporcionalidade das penas aos crimes praticados.[155]

A respeito da evolução da ideia de proporção das penalidades criminais aplicadas, importa transcrever:

> Embora a nossos olhos a *pena de talião* se afigure brutal, significa, no entanto, grande progresso na história do direito. Na fase anterior, em face do delito praticado por uma pessoa, pagava não só ele (às vezes nem ele), como outros de sua família. Com o *talião* o castigo alcança o autor do delito e a ideia de proporção entre a ofensa e o castigo se vai esboçando, afirmando-se cada vez mais. É a fase da *vingança privada regulamentada*.
>
> Em fase mais adiantada, a vítima do delito tem dois caminhos: ou exerce a vingança privada, caindo na fase anteriormente exposta e,

---

154 Idem, pp. 230-231.
155 CRETELLA JÚNIOR, J. *Curso de direito romano*. Rio de Janeiro: Forense, 1987, pp. 43-44.

neste caso, a nenhuma composição pecuniária tem direito, ou renuncia ao direito de vingança, mediante um resgate, em dinheiro, fixado pelas partes. É a fase da *composição voluntária*.

Mais tarde, o poder público, de que se acha investido o chefe do grupo, intervém na distribuição da justiça. A *composição é obrigatória*. A lei fixa certa soma para cada tipo de delito que o autor é obrigado a pagar, submetendo-se a vítima ao *quantum* fixado. É a fase da *composição legal*.

Por fim, em fase bem posterior, a vingança privada e as composições, quer voluntárias, quer legais, são abandonadas, avocando o Estado a si a faculdade de reprimir os delitos.

A Lei das XII Tábuas conhecia o sistema da composição voluntária e legal.

Assim, certos delitos, como o de *injúria*, isto é, ato antijurídico, contrário ao direito (de *in* + jus), como, por exemplo, a *quebra de um membro e o furto em flagrante*, são punidos dentro do sistema de composição voluntária. O furto não em flagrante é punido dentro do sistema de composição legal.[156]

Já à época de Cesare Beccaria, surge a noção de proporcionalidade como forma de resolver os conflitos entre direitos fundamentais, como se pode perceber na obra escrita em 1763:

> Entre as penalidades e no modo de aplicá-las proporcionalmente aos delitos, é necessário, portanto, escolher os meios que devem provocar no espírito público a impressão mais eficaz e mais durável e, igualmente, menos cruel no corpo do culpado.[157]

Para o autor, as penas também deveriam ser proporcionais ao Estado em que fossem estabelecidas, afirmando que "(...) o rigor das penas deve estar em relação com o estado atual do país";[158] e conclui da seguinte forma:

> De tudo o que acaba de ser exposto, pode-se deduzir um teorema geral de muita utilidade, porém pouco conforme ao uso, que é o legislador comum dos países. É que, para não ser um ato de violência contra o cidadão, a pena deve ser, de modo essencial, pública, pronta,

---

156 Idem, p. 304.
157 BECCARIA, Cesare. *Dos delitos e das penas*. São Paulo: Martin Claret, 2003, p. 49.
158 Idem, p. 51.

necessária, a menor das penas aplicáveis nas circunstâncias dadas, proporcionada ao delito e determinada pela lei.[159]

Michel Foucault, filósofo francês cuja mais famosa obra, *Vigiar e Punir*, foi publicada originalmente em 1975, inicia o Capítulo 1 da Segunda Parte, referente à punição generalizada, com a seguinte menção aos suplícios aplicados no século XVIII:

> Que as penas sejam moderadas e proporcionais aos delitos, que a de morte só seja imputada contra os culpados assassinos, e sejam abolidos os suplícios que revoltem a humanidade.[160]

Isso porque, naquela época:

> O direito de punir deslocou-se da vingança do soberano à defesa da sociedade. Mas ele se encontra então recomposto com elementos tão fortes, que se torna quase mais temível. O malfeitor foi arrancado a uma ameaça, por natureza, excessiva, mas é exposto a uma pena que não se vê o que pudesse limitar. Volta de um terrível superpoder. E necessidade de colocar um princípio de moderação ao poder do castigo.[161]

Ora, o princípio de moderação a que ele faz referência é justamente a proporcionalidade de que trata este trabalho, com a distinção de que não mencionamos apenas sua aplicação no momento da determinação da pena (criminalização secundária), mas também, e talvez especialmente, na fase legislativa em que se definem as condutas cuja proibição se impõe.

No mesmo diapasão, Luciano Feldens argumenta que não se deve separar o Estado (atuação estatal) da sociedade, devendo-se manter uma relação harmônica entre a ordem constitucional e o Direito Penal.[162] De acordo com o autor, "o discurso sobre a legitimação do Direito Penal é, sobretudo, o discurso acerca de sua adaptação material à

---

159 Ibidem, p. 107.
160 FOUCAULT, Michel. *Vigiar e Punir: nascimento da prisão*. Trad. Raquel Ramalhete. Petrópolis/RJ: Editora Vozes, 2003, p. 63.
161 Idem, p. 76.
162 FELDENS, Luciano. *Direitos fundamentais e direito penal*. Porto Alegre: Livraria do Advogado, 2008, p. 15.

Constituição",[163] lembrando que na sua concepção é possível que as duas instituições não conflitem apenas por sua natureza.

2.1.3 Proporcionalidade em sentido lato

O princípio da proporcionalidade, embora seja aparentemente de fácil compreensão, tem seu conceito muitas vezes interpretado de forma equivocada em virtude da semelhança com seus subprincípios e, até mesmo, com uma das facetas para as quais evoluiu (tema que abordaremos adiante). Mariângela Gama de Magalhães Gomes apresenta descrição bastante elucidativa, conceituando-o como:

> (...) critério valorativo constitucional determinante das máximas restrições que podem ser impostas na esfera individual dos cidadãos pelo Estado, e para a consecução de seus fins. Assim, integra uma exigência ínsita no Estado de Direito enquanto tal, que impõe a proteção do indivíduo contra intervenções estatais desnecessárias ou excessivas que gravem o cidadão mais do que o indispensável para a proteção dos interesses públicos.[164]

Há, no ordenamento jurídico, princípios limitadores que visam excluir violações ou disfuncionalidades grosseiras com os direitos humanos, quais sejam, o *princípio da lesividade*, o **princípio da proporcionalidade mínima** *entre a pena e a magnitude da lesão*, o *princípio da intranscendência (transcendência mínima quanto à vítima)*, o *princípio da humanidade*, o *princípio da proibição de dupla punição*, o *princípio da boa-fé e pro homine.*[165] Dentre eles, certamente se destaca o princípio da proporcionalidade, que de certa forma dá ensejo aos demais.

Não obstante ainda iremos discorrer sobre as correntes surgidas no decorrer dos estudos sobre o assunto, impende fazer já menção à ressalva feita por Marcus Alan de Melo Gomes no que concerne às controvérsias sobre o tema:

---

163 Idem, p. 28.
164 GOMES, Mariângela Gama de Magalhães. *O princípio da proporcionalidade no Direito Penal*. São Paulo: Revista dos Tribunais, 2003, p. 35.
165 ALAGIA, Alejandro; BATISTA, Nilo; SLOKAR, Alejandro; ZAFFARONI, Eugenio Raúl. *Direito penal brasileiro: primeiro volume – teoria geral do direito penal*. Rio de Janeiro: Revan, 2003, pp. 225-238.

Algumas controvérsias envolvem o princípio da proporcionalidade. Uma que, desde logo, merece destaque, é a que se refere ao seu conteúdo. Há, basicamente, duas linhas de interpretação: a primeira delas, menos abrangente, vê na proporcionalidade a relação que deve existir entre pena prevista e fim perseguido pela norma; a segunda, mais ampla, estabelece uma conexão do princípio com uma certa economia de liberdade, pelo que implicaria não somente a proibição da pena necessária, porém excessiva para se alcançar determinado fim, senão também a da que fosse desnecessária para atingi-lo, em face de outras possíveis medidas.[166]

Pode-se falar ainda da proporcionalidade como forma de ampliar o campo de eficácia dos direitos fundamentais, fazendo-os imponíveis também frente a terceiros, o que se denominou horizontalização, em oposição à imposição do respeito aos direitos fundamentais pelo Estado, conhecida como verticalização.

Como mencionamos no início desse item, muitas vezes o princípio da proporcionalidade em sentido amplo é mal compreendido, o que gera controvérsias como a acima citada. Por esse motivo, tentaremos abordá-lo da forma mais didática possível, sempre direcionada ao direito penal, a fim de permitir, posteriormente, sua aplicação ao ordenamento jurídico brasileiro.

2.1.4 Subprincípios da proporcionalidade

Inicialmente, é necessário esclarecer que o princípio da proporcionalidade se desmembra em três subprincípios, ou seja, três norteadores que devem estar presentes simultaneamente. Sobre o tema, extrai-se da obra de Paulo Bonavides:

> Constatou a doutrina a existência de três elementos, conteúdos parciais ou subprincípios que governam a composição do princípio da proporcionalidade.
>
> Desses elementos o primeiro é a pertinência ou aptidão (*Geeignetheit*), que, segundo Zimmerli, nos deve dizer se determinada medida

---

166 GOMES, M. A. M. *Op. cit.*, p. 156.

representa o "meio certo para levar a cabo um fim baseado no interesse público", conforme a linguagem constitucional dos tribunais.

(...)

O segundo elemento ou subprincípio da proporcionalidade é a necessidade (*Erforderlichkeit*), ao qual também alguns autores costumam dar tratamento autônomo e não raro identificá-lo com a proporcionalidade propriamente dita. Pelo princípio ou subprincípio da necessidade, a medida não há de exceder os limites indispensáveis à conservação do fim legítimo que se almeja, ou uma medida para ser admissível deve ser necessária.

(...)

Finalmente, depara-se-nos o terceiro critério ou elemento de concretização do princípio da proporcionalidade, que consiste na proporcionalidade mesma, tomada *stricto sensu*. (...) obrigação de fazer uso de meios adequados e interdição quanto ao uso de meios desproporcionados.[167]

O primeiro desses elementos é conhecido como *adequação, pertinência, aptidão, idoneidade* ou *utilidade*. Ou seja, deve-se verificar se o meio utilizado é apto à obtenção do resultado almejado. No caso do direito penal, em que o que se deseja é a preservação de um bem jurídico, deve-se verificar a utilidade de se impor uma pena em razão da prática de determinado comportamento. Nesse sentido:

> A doutrina costuma apontar o pensamento de Von Liszt e de Mayer como a origem do princípio da idoneidade ou utilidade. De acordo com essa máxima, nem todos os bens jurídicos seriam dignos de tutela penal. Esta só se justificaria para aqueles bens jurídicos "merecedores", "necessitados" e "capazes" deste tipo de proteção.[168]

A medida estatal desencadeada — meio — há de ser idônea para atingir a finalidade perseguida — fim —: a realização do interesse público. Em tal contexto, um meio é idôneo se com sua intervenção o êxito desejado pode, efetivamente, ser alcançado. Trata-se, pois, de controlar a *relação de adequação medida-fim*. Conduzindo o raciocínio ao plano do controle de normas penais, haveremos de identificar, em primeira análise, qual o bem jurídico protegido pela norma questionada, ou, mais

---

167 BONAVIDES, P. Op. cit., pp. 396-398.
168 GOMES, M. A. M. Op. cit., p. 160.

precisamente, quais os fins *imediatos* e *mediatos* de proteção da mesma. Essa constatação constitui um *prius lógico* para determinar se o legislador incorreu em excesso manifesto no rigor das penas [STC 55/ 96]. Nesse sentido, para afirmar-se o juízo de adequação, há se verificar, sobretudo, se a tutela jurídico-penal não é constitucionalmente ilegítima, o que demanda uma investigação de dupla perspectiva: ao tempo em que os bens ou interesses que se trata de preservar não devem estar constitucionalmente proscritos, se desejarem despertar a atenção do Direito Penal não devem, igualmente, ser socialmente irrelevantes [STC 111/ 93]. Caso constatada a ilegitimidade da tutela penal sob os pressupostos recém visitados, desde logo a norma incriminadora será *inadequada* e, portanto, ofensiva ao princípio da proporcionalidade. Por outro lado, nas hipóteses em que a tutela penal é constitucionalmente exigida por meio de mandados (explícitos ou implícitos) de penalização, a adequação da medida já vem previamente afirmada pela Constituição.[169]

Quanto à *necessidade*, vê-se diretamente ligada aos princípios de direito penal da *fragmentariedade* e da *subsidiariedade*, ou seja, o direito penal deve proteger exclusivamente bens jurídicos (de relevância jurídica), sendo a *ultima ratio* do direito. A pena só deve ser *prevista* e *aplicada* (salientem-se os dois momentos mencionados) diante da impossibilidade de se alcançar por outra forma a proteção do bem visado. A propósito:

> Na esfera penal, o princípio da necessidade, também chamado de princípio da exigibilidade, foi inserido já nas primeiras Declarações de Direitos. (...) condiciona o emprego da pena à impossibilidade de fins preventivos serem alcançados através de outros menos alternativos menos gravosos.[170]

O critério de *necessidade* indica que a medida eleita há de consubstanciar-se como o meio menos gravoso, dentre os disponíveis e eficazes, à obtenção do fim almejado. Na seara jurídico-penal, devemos indagar se a utilização da norma penal é necessária para alcançar a finalidade de proteção do bem jurídico. A medida (intervenção penal) será necessária se tal finalidade protetiva (fim) não poderia ser conquistada

---

169 FELDENS, L. *Direitos...*, op. cit., p. 83.
170 GOMES, M A. M. *Op. cit.*, p. 169.

com a mesma eficácia recorrendo-se a uma medida alternativa menos restritiva (sanção civil ou administrativa). Essa análise se realiza mediante uma prévia consideração acerca do grau de eficácia das medidas *a priori* sujeitas à implementação, complementado-se a partir de uma constatação empírica sobre a ineficácia — ou mesmo escassa eficácia — de uma ou mais medidas que, embora em primeiro plano adequadas à realização do fim proposto, não o realizam satisfatoriamente, razão por que cedem espaço àquela que, nada obstante mais lesiva, atinge eficazmente o interesse público perseguido (que, no caso, é a eficaz proteção do direito fundamental).[171]

Por fim, a proporcionalidade em sentido estrito é a que mais se confunde com a proporcionalidade em sentido lato, sendo bastante sutil a diferença. Talvez a chave para sua compreensão seja a expressão "equilíbrio", que se deve vislumbrar entre os meios utilizados e os perseguidos. Nesse diapasão:

> A terceira e última vertente do princípio da proporcionalidade *lato sensu* corresponde ao princípio da proporcionalidade em sentido estrito. Significa este que deve haver uma proporção, uma equivalência entre a gravidade do delito e a intensidade da pena. Busca-se, através desse princípio, encontrar um ponto de equilíbrio no entrechoque de valores e bens envolvidos no conflito penal, a fim de que o meio eleito ⁻ a pena ⁻ seja empregado numa relação de razoável proporção com os fins perseguidos (preventivos).[172]

Também entendido como princípio da justa medida, por meio do qual são pesadas as desvantagens dos meios em relação às vantagens dos fins, esse exame sugere que o meio utilizado não pode se demonstrar desproporcional (em concreto) em relação ao fim perseguido. À diferença do que sucede com os juízos de adequação e necessidade, nos quais o fim figura tão somente como um ponto de referência, na análise da ponderação a finalidade da intervenção constitui um elemento essencial da mesma, de sorte que a relevância do fim perseguido se faz ponderar com a relevância do prejuízo causado ao direito fundamental, razão pela qual torna-se fundamental *determinar a importância que a*

---

171 FELDENS, L. *Direitos...*, op. cit., pp. 83-84.
172 GOMES, M. A. M. *Op. cit.*, p. 188.

Constituição concede à consecução do referido fim. Trasladado ao Direito Penal, esse exame procura determinar se a incidência da pena não estabelece um desequilíbrio parente e excessivo entre a sanção prevista e o fato praticado. Exemplificativamente, o exame da proporcionalidade em sentido estrito entra em ação no Direito Penal quando invocado aquilo que costumeiramente se designa *princípio da insignificância.*[173]

Tendo em vista que o último elemento do princípio da proporcionalidade pode ser considerado o mais relevante de todos e, portanto, aquele que necessita de maiores esclarecimentos, o próximo sub-item será a ele dedicado, visando à sua correta aplicação.

2.1.5 Proporcionalidade em sentido estrito

Gilmar Ferreira Mendes, Inocêncio Mártires Coelhos e Paulo Gustavo Gonet Branco apresentam um breve conceito de proporcionalidade em sentido estrito muito semelhante ao que expusemos anteriormente, enaltecendo também o (necessário e adequado) equilíbrio:

> De qualquer forma, um juízo definitivo sobre a proporcionalidade da medida há de resultar da rigorosa ponderação e do possível equilíbrio entre o significado da intervenção para o atingido e os objetivos perseguidos pelo legislador (proporcionalidade em sentido estrito).[174]

Ao abordar a proporcionalidade em sentido estrito, que, conforme trataremos adiante, deve ser entendida também em seu duplo viés, Marcus Alan de Melo Gomes destaca a concretização por meio da aplicação da pena pelo juiz:

> A par do momento de cominação penal abstrata, o princípio da proporcionalidade em sentido estrito incide ainda no instante de aplicação da pena pelo juiz. É o que se denomina de proporcionalidade *concreta* ou *judicial*, e da qual decorre que a pena aplicada ao autor da infração penal tem que ser proporcional à gravidade do fato delituoso praticado.[175]

---

173 FELDENS, L. *Direitos..., op. cit.*, p. 85.
174 BRANCO, P. G. G.; COELHO, I. M.; MENDES, G. F. *Op. cit.*, p. 366.
175 GOMES, M. A. M. *Op. cit.*, p. 193.

Ainda esclarecendo os limites com que a pena deve ser aplicada, o mesmo autor trata da concretização do princípio no âmbito do Poder Legislativo, que deve estabelecer limites proporcionais ao delito que se visa a prevenir/ reprimir. Vejamos:

> O conceito de proporcionalidade em sentido estrito, ou proporcionalidade material, encontra-se, também, relacionado ao campo de verificação do significado dos valores objeto de tutela, sendo que uma vez incriminada a conduta afrontosa ao bem jurídico digno de proteção penal, tem lugar a ulterior questão acerca da identificação da *medida* da resposta sancionatória; o que há de ser verificado, nesta etapa, é a influência que os limites derivados de princípios superiores geram na atividade legislativa consistente em eleger a medida da pena *proporcional* ao delito, ou seja, cabe analisar os parâmetros em relação aos quais a cominação legal da pena deve ser norteada.[176]

Contudo, a compreensão do princípio da proporcionalidade não estagnou em sua subdivisão e na necessidade de sua aplicação nos momentos de criminalização primária e secundária. Os estudos desenvolvidos sobre o tema demonstraram que o mesmo princípio (a mesma *proporcionalidade*) se apresenta para dois vieses distintos, não se podendo ignorar nenhum deles. Nesse sentido, extrai-se da obra de Luciano Feldens ‾ não obstante se refira aos direitos fundamentais, que não se confundem com o princípio da proporcionalidade pela íntima relação que mantêm, deve-se aplicar o mesmo raciocínio quanto à sua dupla função:

> (...) em sua interação com a atividade estatal, os direitos fundamentais passam a projetar-se em dois sentidos (uma espécie de ida e volta): (a) como *direitos de defesa*, indicando o dever do Estado de respeitá-los (perspectiva negativa), e (b) como *imperativos de tutela*, indicando o dever do Estado de protegê-los ativamente (perspectiva positiva) diante de ataques provenientes de terceiros mediante a implementação de medidas eficazes (deveres de proteção).[177]

Por conseguinte, apesar de aparentemente apontarem em dire-

---

176 Idem, pp. 155-156.
177 FELDENS, L. *Direitos...*, *op. cit.*, p. 13.

ções opostas, os dois vieses são absolutamente complementares e essenciais para que se admita o Direito Penal no Estado Democrático de Direito.

2.2 Perspectiva alemã do princípio da proporcionalidade

O princípio da proporcionalidade foi inicialmente aplicado apenas — e frise-se: exclusivamente — para proteger os cidadãos dos excessos eventualmente cometidos pelo Estado, ou seja, dentro de um contexto de combate ao Estado absolutista (Leviatã) e de crescimento do movimento liberal. Por esse motivo, poderia ser facilmente confundido com o princípio da *proibição de excesso de proibição* (hoje autonomamente reconhecido).

Com o passar do tempo, outra perspectiva despontou: o garantismo positivo, ou seja, a proibição de proteção estatal deficiente. Observe-se que estamos praticamente repetindo o escorço realizado a respeito dos direitos fundamentais, mas caminho trilhado foi justamente o mesmo. Não se pode dividir a história em ramos e tratá-los de forma estanque, como se fossem independentes. De fato, a evolução dos direito fundamentais tem a mesma origem da evolução do princípio da proporcionalidade, bem como, de certa forma, um é origem do outro, caminhando sempre interligados.

Por esse motivo, a partir de certo ponto, não se pôde mais falar apenas em proporcionalidade como absenteísmo estatal, ou seja, como simples forma de evitar seus excessos. Diante das circunstâncias, foi necessário também exigir que a *atuação* do Estado, como ente protetor de toda a sociedade e dos cidadãos, ocorresse pautada pelo princípio em análise.

Nesse sentido, extrai-se da obra de Lenio Luiz Streck:

> Há que se ter claro, portanto, que a estrutura do princípio da proporcionalidade não aponta apenas para a perspectiva de um garantismo negativo (proteção contra os excessos do Estado), e, sim, também para uma espécie de garantismo positivo, momento em que a preocupação do sistema jurídico será com o fato de o Estado não proteger suficientemente determinado direito fundamental, caso em

que estar-se-á em face do que, a partir da doutrina alemã, passou-se a denominar de "proibição de proteção deficiente" (*Untermassverbot*).[178]

O autor trata da ampliação das funções estatais e destaca a proibição de abstenção ou omissão do Estado quando deveria prevenir e reprimir a prática de delitos, a fim de assegurar os direitos fundamentais (bens juridicamente protegidos). Trata-se, pois, da outra face dos direitos fundamentais (garantismo positivo), conforme resume o seguinte excerto:

> Perfeita, pois, a análise de Baratta: é ilusório pensar que a função do Direito (e, portanto, do Estado), nesta quadra da história, esteja restrita à proteção contra abusos estatais. No mesmo sentido, o dizer de João Baptista Machado, para quem o princípio do Estado de Direito, neste momento histórico, não exige apenas a garantia da defesa de direitos e liberdades contra o Estado: *exige, também, a defesa dos mesmos contra quaisquer poderes sociais de fato*. Desse modo, ainda com o pensador português, é possível afirmar que a ideia de Estado de Direito *demite-se da sua função quando se abstém de recorrer aos meios preventivos e repressivos* que se mostrem indispensáveis à tutela da segurança, dos direitos e liberdades dos cidadãos.
>
> Tanto isso é verdadeiro que o constituinte brasileiro optou por positivar um comando criminalizador, isto é, um dever de criminalizar com rigor alguns crimes, em especial, o tráfico de entorpecentes, inclusive epitetando-o, *prima facie*, de hediondo.
>
> Na verdade, a tarefa do Estado é defender a sociedade, a partir da agregação das três dimensões de direitos – protegendo-a contra os diversos tipos de agressões. Ou seja, o agressor não é somente o Estado.
>
> Dito de outro modo, como muito bem assinala Roxin, comentando as finalidades correspondentes ao Estado de Direito e ao Estado Social, em Liszt, o direito penal serve simultaneamente para limitar o poder de intervenção do Estado e para combater o crime. Protege, portanto, o indivíduo de uma repressão desmesurada do Estado, *mas protege igualmente a sociedade e os seus membros dos abusos do indivíduo*. Estes são os dois componentes do direito penal: a) o correspondente ao Estado de Direito e protetor da liberdade individual; b) e o correspondente ao Estado Social e preservador do interesse social

---

178 STRECK, Lenio Luiz. *Bem jurídico e Constituição: da proibição de excesso* (über-massverbot) *à proibição de proteção deficiente* (untermassverbot) *ou de como não há blindagem contra normas penais inconstitucionais*. Disponível em http://leniostreck. com.br/index.php?option=com_docman&Itemid=40. Acesso em 25 mar 2011, p. 8.

mesmo à custa da liberdade do indivíduo.

Tem-se, assim, uma espécie de dupla face de proteção dos direitos fundamentais: a proteção positiva e a proteção contra omissões estatais. Ou seja, a inconstitucionalidade pode ser decorrente de excesso do Estado, como também por deficiência na proteção.[179]

O princípio da proporcionalidade exige, ao mesmo tempo, que o Estado concretize os direitos fundamentais através de abstenção e de intervenção. Nesse sentido:

> Naturalmente, a efectos de justificar la invitación a utilizar los derechos fundamentales sólo en función negativa, la cuestión de si esto supone o no restablecer su función clásica carece de importancia, pero distinguirla con este sello otorga a esta postura un mayor poder de convicción. Por ello merece la pena preguntarse si en la defensa frente a la intervención se encuentra, de hecho, la función clásica de los derechos fundamentales. Incluso en el caso de que sea así, hay que aceptar que la ampliación de funciones de los derechos fundamentales tiene causas sociales explicables; sólo cuanco éstas son conocidas es posible pronunciarse sobre si la ampliación está justificada.[180]

Gilmar Ferreira Mendes, Inocêncio Mártires Coelho e Paulo Gustavo Gonet Branco elucidam as ideias de excesso de proibição e proibição deficiente com base no direito constitucional alemão, que foi o primeiro a tratar expressamente do assunto:

> A doutrina identifica como típica manifestação do excesso de poder legislativo a violação do princípio da proporcionalidade ou da proibição de excesso (*Verhältnismässigkeitsprinzip*; *Übermassverbot*), que se revela mediante contraditoriedade, incongruência e irrazoabilidade ou inadequação entre meios e fins. No direito constitucional alemão, outorga-se ao princípio da proporcionalidade (*Verhältnismässigkeits*) ou ao princípio da proibição de excesso (*Übermassverbot*) qualidade de norma constitucional não escrita. (...) Essa orientação,

---

179 STRECK, Lenio Luiz. *O dever de proteção do Estado (Schutzpflicht): o lado esquecido dos direitos fundamentais ou "qual a semelhança entre os crimes de furto privilegiado e o tráfico de entorpecentes"?*
Disponível em
http://leniostreck.com.br/index.php?option=com_docman&Itemid=40. Acesso em 20 ago. 2009, pp. 3-4.
180 GRIMM, D. *Op. cit.*, p. 157.

que permitiu converter o princípio da reserva legal (*Gesetzesvorbehalt*) no *princípio da reserva legal proporcional* (*Vorbehalt des verhältnismäßigen*), pressupõe não só a legitimidade dos meios utilizados e dos fins perseguidos pelo legislador, mas também a *adequação* desses meios para consecução dos objetivos pretendidos (*Geeignetheit*) e a *necessidade* de sua utilização (*Notwendigkeit oder Erforderlichkeit*).

(...)

Ao lado da ideia da proibição do excesso tem a Corte Constitucional alemã apontado a lesão ao princípio da proibição da proteção insuficiente.

Schlink observa, porém, que se o Estado nada faz para atingir um dado objetivo para o qual deva envidar esforços, não parece que esteja a ferir o princípio da proibição da insuficiência, mas sim um dever de atuação decorrente de dever de legislar ou de qualquer outro dever de proteção. Se se comparam, contudo, situações do âmbito das medidas protetivas, tendo em vista a análise de sua eventual insuficiência, tem-se uma operação diversa da verificada no âmbito da proibição do excesso, na qual se examinam as medidas igualmente eficazes e menos invasivas. Daí concluiu que "a conceituação de uma conduta estatal como insuficiente (*untermässig*), porque 'ela não se revela suficiente para uma proteção adequada e eficaz', nada mais é, do ponto de vista metodológico, do que considerar referida conduta como desproporcional em sentido estrito (*unverhältnismässig im engerem Sinn*)".[181]

Dado o conceito dos princípios de proibição de excesso e de proteção deficiente ou insuficiente, pode-se concluir que o Estado, por meio das criminalizações primária e secundária, deve ter sua atuação norteada pelo que ensina o movimento garantista (negativa e positivamente), assegurando o pleno gozo dos direitos fundamentais em seu duplo viés.

2.2.1 Críticas à visão iluminista/ liberal

Diante do que foi exposto, não se pode deixar, neste momento, de criticar a visão iluminista do princípio da proporcionalidade, que, embora certamente tenha tido muita importância naquele momento histórico, se atém a reivindicações de cunho liberal.

Passado o movimento do século XVIII, não é possível exigir tão

---

181 BRANCO, P. G. G.; COELHO, I. M.; MENDES, G. F. Op. cit., pp. 364-367.

somente que o Estado se abstenha, evitando excessos — como o processo inquisitório e os suplícios utilizados como forma de obter confissões —, sendo necessário cobrar-lhe também uma posição atuante. Mesmo porque, como se destacou no capítulo anterior, o Estado de Direito como se conhece atualmente, é aquele que *realiza* os princípios, para a vida dos cidadãos e dentro dela.

A crítica que se faz não é, de forma alguma, à noção iluminista de proporcionalidade, mas de sua aplicação no momento atual, em um contexto histórico e social totalmente distinto.

Mariângela Gomes, que vislumbra a proporcionalidade como critério mínimo de legitimação da atuação estatal,[182] vê o garantismo somente em sua face negativa (proibição de excesso de proibição), como se pode observar no seguinte excerto:

> (...) a proporcionalidade representa uma especial característica de garantia aos cidadãos, na medida em que impõe sejam as restrições à liberdade individual contrabalançadas com a necessitada tutela a determinados bens jurídicos, e somente confere legitimidade às intervenções que se mostrarem conformes aos seus ditames. Por fim, resta observar que o princípio da proporcionalidade desempenha importante função dentro do ordenamento jurídico, não apenas penal, uma vez que oriente a construção dos tipos incriminadores por meio de uma criteriosa seleção daquelas condutas que merecem uma tutela diferenciada (penal) e das que não a merecem, assim como fundamenta a diferenciação nos tratamentos penais dispensados às diversas modalidades delitivas; além disso, conforme enunciado, constitui importante limite à atividade do legislador penal (e também do seu intérprete), posto que estabelece até que ponto é legítima a intervenção do Estado na liberdade individual dos cidadãos.[183]

Não é incomum encontrar-se esse tipo de interpretação, pois o garantismo tradicional trazia apenas um aspecto negativo, absenteísta. Nesse diapasão, impende destacar:

> Para a teoria garantista tradicional, o poder punitivo vem limitado pelo critério que busca a intervenção mínima e, a partir disso, uma máxima proteção das liberdades, entendida aqui em um sentido da

---

182 GOMES, M. G. M. *Op. cit.*, p. 209.
183 Idem, pp. 59-60.

proteção dos bens jurídicos do cidadão. Por isso, só se pode restringir a liberdade do indivíduo, proibindo determinadas condutas, quando esta transcenda para a liberdade dos demais cidadãos.[184]

Paulo Bonavides esclarece a confusão, que ocorre com frequência até mesmo no Tribunal Constitucional Alemão, entre o princípio da proporcionalidade e uma de suas facetas apenas: o princípio da proibição do excesso de proibição (*Übermassverbot*) — face negativa do garantismo —, motivo pelo qual atualmente é mais recomendada a utilização da expressão "*Verhältnismässigkeit*":

> O princípio da proporcionalidade (*Verhältnismässigkeit*) pretende, por conseguinte, instituir, como acentua Gentz, a relação entre fim e meio, confrontando o fim e o fundamento de uma intervenção com os efeitos desta para que se torne possível um controle de excesso ("*eine Übermasskontrolle*").[185]

> A locução "vedação de excesso", ou seja, *Übermassverbot*, teve a preferência de importantes juristas desde Jullinek, em clássico do Direito Administrativo, até Peter Lerche, autor de uma originalíssima e fundamental obra sobre o assunto, estampada ao começo da década de 60. Também usaram essa designação Klaus Stern, Hoffman-Becking, Kloepfer, H. Liesegang e Selmer, entre outros.[186]

Assim, mais do que nunca, o respeito aos direitos fundamentais e sua concretização se impõem ao Estado (e por certo aos seus representantes), como afirma Dieter Grimm:

> (...) *los derechos fundamentales no deben depender sólo de la buena voluntad del gobernante, sino también estar jurídicamente afianzados, lo que sólo ocurre a partir del establecimiento de un derecho de tango superior que vincule también la creación de derecho. Precisamente ésta es la tarea que desempeñan los derechos fundamentales: otorgan al derecho ordinario, producto del orden burgués, una garantía adicional de que el Estado no sólo lo impone frente a personas privadas, sino que también*

---

184 STRECK, Maria Luiza Schäfer. *A face oculta da proteção dos direitos fundamentais.* Porto Alegre: Livraria do Advogado, 2009, p. 90.
185 BONAVIDES, P. Op. cit., p. 393.
186 Idem, p. 403.

él mismo lo respeta.[187]

Como já mencionamos, enaltecer apenas o direito à liberdade e à não intervenção estatal não passa de mera reestruturação do sistema de dominação (sistema social burguês ascendente na Revolução Francesa). Nesse sentido:

> *A la vista de la validez universal que distingue a los derechos fundamentales de las antiguas formas de protección jurídica de la libertad, es evidente la necesidad de precisas en qué medida deben ser estos considerados expresión, precisamente, de los intereses y las ideas burguesas.*[188]

É por esse motivo que se deve separar a ideia de direitos fundamentais de suas condições originárias, evitando que se promova apenas a universalização da burguesia (noção um tanto quanto *neoliberal*), mesmo porque a mera proteção da liberdade não é sequer garantia de uma sociedade burguesa com plena (ou semiplena) concretização de direitos fundamentais. O que fomentou os interesses burgueses foi somente uma *interpretação* dos direitos fundamentais, realizada dentro das possibilidades da época. A esse respeito:

> *Es verdad que no hay derechos fundamentales sin sociedad burguesa, o al menos parcialmente burguesa, pero también se dan sociedades burguesas o semiburguesas carentes de derechos fundamentales, como muestran los ejemplos de Inglaterra y la Prusia del Premarzo.*[189]

> *De este modo, los derechos fundamentales sólo pueden desempeñar su papel si se adaptan a la cambiante actividad estatal y a las nuevas amenazas a la libertad sin permanentes modificaciones en los textos. En este punto se produce realmente una ampliación de su función respecto a lo que ocurría en la fase burguesa inicial, cuando los derechos fundamentales hubieron de extenderse de manera protectora sobre una situación de libertad ya existente para defenderla contra los abusos estatales.*[190]

---

187 GRIMM, D. Op. cit., p. 101.
188 Idem, p. 81.
189 Ibidem, pp. 99-100.
190 Ibidem, p. 106.

Descartam-se, assim, os postulados liberais que supostamente conduziriam a uma sociedade perfeita, onde todos (os burgueses) seriam bem-sucedidos:

> El redescubrimiento del componente jurídico-objetivo de los derechos fundamentales se basa precisamente en el rechazo de las premisas liberales de acuerdo con las cuales la libertad jurídicamente igual, sin la intervención del Estado, conduce automáticamente a la prosperidad y a la justicia.[191]

Trata-se, pois, de um poder-dever do Estado, especialmente na esfera penal, proibindo-se tanto o excesso de proteção/ proibição quanto sua insuficiência. Destarte, a proporcionalidade tenta, de certa forma, responder às seguintes questões: a) por que proibir (de forma genérica); b) quando proibir (uma determinada ação em detrimento de outra) e c) como proibir (conformação das condutas).[192]

Observe-se que a própria Constituição Federal traz cláusulas expressas de criminalização, exigindo que o governante exerça a função estatal de proteção. Ou seja, o princípio de proibição de proteção deficiente deve ser aplicado tanto pelo legislador quanto pelos operadores do direito:

> Aun cuando en ambos os casos no se trata propiamente de pretensiones de omisión sino de pretensiones de actuación conforme a los derechos fundamentales (dirigidas en un caso a un acto de la Administración y en otro a una ley), es posible operar con la dogmática de la intervención. Hay que dejar claro que, como pretensión de defesa, aquéllas no suelen cumplir los requerimientos positivos, sino sólo pueden dar lugar a una situación equivalente.[193]

Isso, porque não se pode partir da visão leiga de direito penal como casuístico — mesmo que tal situação seja verificada com frequência atualmente —, tornando a atuação judicial discricionária, quando deveria ser absolutamente vinculada aos preceitos legais (princípios e normas vigentes). No que diz respeito à hipertrofia das funções jurisdi-

---

191 Ibidem, p. 161.
192 MACHADO, M. T. *Op. cit.*, p. 61.
193 GRIMM, D. *Op. cit.*, p. 169.

cionais, Martha de Toledo Machado menciona a "(...) força e frequência, na doutrina brasileira, com que, explícita ou implicitamente, se postula uma hipertrofia das funções jurisdicionais, em detrimento das funções legislativas do Estado. Sob diversas formulações, mas, essencialmente, sob o corte de ampliar desmesuradamente (ou ilegitimamente, para usar a categoria postulada por Ferrajoli) o poder de disposição (de discricionariedade) do juiz-intérprete".[194]

Com a redemocratização dos Estados, visando a controlar a atuação dos demais poderes, é possível observar a transferência de competências, conferindo poderes maiores ao Judiciário. Fala-se, assim, em ativismo judicial, ou judicialização, o que envolve a cessão ao Poder Judiciário de poderes do Poder Legislativo e do Poder Executivo e substitui as instâncias políticas tradicionais com relação a algumas questões de larga repercussão política e social.

A respeito do tema, extrai-se da apresentação da obra *Judicialização ou representação?*:

> No Brasil, o modelo de 1988, no qual estão assentadas as bases de nossa judicialização contemporânea da política, foi aclamado por uns e criticado por outros. Os elementos de nossa equação constitucional são bastante conhecidos. Animados pela ideia de remover o "entulho autoritário" deixado pelos militares e determinados a evitar recaídas antidemocráticas e assegurar futuro às suas preferências, nossos constituintes nos legaram uma constituição extensa, detalhada, generosa em direitos e antecipadora de políticas públicas. Também reconstruíram o sistema judicial, ampliando o acesso à justiça para causas coletivas e redesenhando o subsistema do controle constitucional, de modo a torná-lo um dos mais abrangentes do mundo. O Supremo Tribunal Federal, órgão de cúpula do Judiciário, teve seu papel de corte constitucional fortalecido e seu acesso direto franqueado a uma centena de atores políticos e sociais. Elogiado e defendido por muitos, o modelo de 1988 também foi criticado por corresponder a uma visão negativa da política representativa e, em termos práticos, por comprometer decisivamente a governabilidade do país ao esparramar pontos de veto por todo o sistema institucional.[195]

---

194 MACHADO, M. T. *Op. cit.*, p. 86.
195 ARANTES, Rogério Bastos. In: POGREBINSCHI, Thamy. *Judicialização ou representação? Política, direito e democracia no Brasil.* Rio de Janeiro: Elsevier, 2011.

Ocorre que a atuação judicial tem limites, não podendo se valer de tais poderes inerentes ao Estado Democrático para alterar as leis e aplicar as normas como melhor lhe convier, sob pena de se configurar uma espécie de absolutismo judiciário. Nesse sentido:

> Ao se fazer menção ao ativismo judicial, o que se está a referir é à ultrapassagem das linhas demarcatórias da função jurisdicional, em detrimento principalmente da função legislativa, mas, também, da função administrativa e, até mesmo, da função de governo. Não se trata do exercício desabrido da legiferação (ou de outra função não jurisdicional), que, aliás, em circunstâncias bem delimitadas, pode vir a ser deferido pela própria Constituição aos órgãos superiores do aparelho judiciário, e sim da descaracterização da função típica do Poder Judiciário, com incursão insidiosa sobre o *núcleo essencial* de funções constitucionalmente atribuídas a outros Poderes.[196]

Assim, não obstante se venha destacando que os dois vieses da proporcionalidade devem ser aplicados pelo Poder Legislativo e também pelo Poder Judiciário, é importante mencionar que a aplicação por cada Poder deve ficar restrita à sua esfera, sem exercer funções que não lhe sejam pertinentes.

2.2.2 Uma leitura da história nos âmbitos doutrinário e judicial

Com o avanço da proporcionalidade, e a superação da ideia clássica de proteção apenas dos bens jurídicos frente ao Estado, surge um novo paradigma de eficácia dos princípios constitucionais. Tal análise deve ser feita também no âmbito do Direito Penal, seja pelo Poder Legislativo, seja pelo Poder Judiciário.

Nesse sentido, manifesta-se Maria Luiza Schäfer Streck:

> O princípio da proporcionalidade tem sua principal área de atuação no âmbito dos direitos fundamentais, isso porque é o responsável por determinar os limites — máximos e mínimos — de intervenções

---

196 RAMOS, Elival da Silva. *Ativismo judicial. Parâmetros dogmáticos*. São Paulo: Saraiva, 2010, pp. 116-117.

estatais nas esferas individuais e coletivas, sempre tendo em vista as funções e os fins buscado pelo Estado Democrático de Direito. Essa característica se mostra mais visível quando falamos no Direito Penal, uma vez que, responsável por tutelar os bens jurídicos constitucionais, esse ramo do direito deverá zelar, ao mesmo tempo, pela proibição de abusos — arbitrariedades — estatais, bem como efetivar as necessidades fundamentais do indivíduo e da sociedade conforme estabelecido nas diretrizes constitucionais.[197]

> (...) devemos diferenciar a estrutura argumentativa do princípio da proporcionalidade, enquanto empregado para o controle de intervenção aos direitos fundamentais, a partir de duas vertentes: de defesa ou de prestação. A primeira, de acordo com a orientação clássica da proibição de excesso (*Übermassverbot*), a segunda, identificando-se com a proibição de infraproteção (*Untermassverbot*).[198]

O Tribunal Constitucional Federal alemão foi o grande precursor da aplicação do princípio da proporcionalidade, também como proibição de proteção deficiente por parte do Estado. A respeito do tema, Lenio Luiz Streck esclarece que:

> Assim, na Alemanha, há uma distinção entre os dois modos de proteção de direitos: o primeiro — o princípio da proibição de excesso (*Übermassverbot*) — funciona como proibição de intervenções; o segundo — o princípio da proibição de proteção insuficiente (*Untermassverbot*) — funciona como garantia de proteção contra as omissões do Estado, isto é, será inconstitucional se o grau de satisfação do fim legislativo for inferior ao grau em que não se realiza o direito fundamental de proteção.[199]

A primeira decisão do Tribunal Constitucional Alemão dizia respeito à criminalização do aborto; discutiu, destarte, a necessidade de o Estado intervir em determinadas searas, a fim de não ferir direitos fundamentais, como o direito à vida (25/02/1975 — BverfGE 39,1).[200]

Salienta-se, assim, a possibilidade (ou necessidade) de aplicação pelo legislador e pelo aplicador do direito dos referidos princípios no

---

197 STRECK, M. L. S. *Op. cit.*, p. 65.
198 Idem, pp. 73-74.
199 STRECK, L. L. *O dever de proteção...*, *op. cit.*, p. 6.
200 STRECK, M. L. S. *Op. cit.*, pp. 96 e ss.

âmbito do direito penal, servindo a Constituição (que consagra os direitos fundamentais, explícita ou implicitamente) como limitadora do sistema penal. Nesse diapasão, Maria Luiza Schäfer Streck argumenta:

> Destarte, deparamo-nos com um princípio que opera tanto no momento da criação do direito, através do poder legislativo, como no momento de sua aplicação, feita por juízes e tribunais. Nesse sentido, afirma-se que a proibição de excesso pode ter relevância em três formas distintas em ordem de penalização: em primeiro lugar, uma determinada figura delitiva, como tal, em sua extensão, pode afetar a proibição de excesso; em segundo, o marco penal abstrato não está em harmonia com a matéria do injusto delimitada no tipo legal; por último, o excesso pode advir das decisões proferidas pelos aplicadores do direito.
>
> (...)
>
> Conforme isso, segue o autor, é a Constituição que impõe os limites para a intervenção penal na luta contra o delito, devendo o Estado respeitá-los ao exercer seu poder punitivo. Assim, as limitações do Direito Penal provenientes da tradição da Teoria do Direito Penal, por um lado, e as limitações das intromissões penais impostas pela Constituição, por outro, procedem, em última instância, da mesma fonte: uma fundamentação do Direito Penal e da pena baseada nos direitos fundamentais.[201]

Ainda no que concerne ao dever estatal de proteção dos direitos fundamentais, positiva e negativamente, extrai-se da obra de Martha de Toledo Machado:

> Isto posto, é de ver que a conexão da tutela penal à proteção dos direitos fundamentais do cidadão — inerente ao próprio Estado Democrático de Direito — necessariamente aponta para conceber os deveres do Estado em relação à tutela penal, não apenas como *proibições de excesso*, mas também como *proibições de proteção insuficiente*, como, Streck e Sarlet na doutrina brasileira, postulam com clareza e explicitude.[202]

No mesmo sentido, Luciano Feldens se manifesta:

---

201 Idem, p. 89.
202 MACHADO, M. T. *Op. cit.*, p. 81.

Os Estados modernos nascem e se justificam na medida em que constituem um meio para assegurar a paz social, defendendo os cidadãos diante de agressões partidas de seus semelhantes. Nesse contexto, os deveres de proteção apresentam-se como a versão atual da contraprestação imputada ao — e assumida pelo — Estado em decorrência de um hipotético pacto de sujeição a que aderem os homens no precípuo desiderato de resguardarem sua liberdade e segurança no convívio social. A legitimidade do Estado, que se origina dessa adesão mútua, apenas se perfaz nessa troca.[203]

Assim, a atuação estatal é exigida a fim de garantir a paz social, devendo ocorrer também no âmbito do direito penal. Surge, então, a dificuldade em se estabelecer limites de forma que se minimizem as agressões aos direitos fundamentais, tanto por parte do Estado quanto de terceiros. Deve haver critérios norteadores da atuação legislativa e judiciária, senão vejamos:

Critérios de reconhecimento de um dever de proteção: incidência da hipótese normativa (tipicidade) de um direito fundamental, ilicitude do ataque e dependência de proteção, necessidade de proteção decorrente da dinâmica equação entre os critérios de hierarquia do bem jurídico atingido e a intensidade da ameaça.[204]

Saliente-se, agora, que o reconhecimento dessa faceta de garantismo positivo (*proibição de proteção insuficiente*) na tutela penal do Estado traz ao centro da problemática — também no campo penal — a questão tocante com o entrechoque de valores fundamentais (a tensão entre direitos e garantias fundamentais do cidadão) e os meios de sua solução (na acepção de *adequação, harmonização* ou *relativização*; como se prefira).[205]

Apenas para fins de reflexão, haja vista que tal indagação não levaria muito adiante o presente trabalho, interessa-nos questionar se existe, não obstante haja quem defenda a proteção dos direitos fundamentais pelo direito penal, um *direito fundamental à tutela penal* em si, ou apenas os direitos fundamentais que são agredidos pelo suposto criminoso. Acerca do tema, cabe transcrever o seguinte excerto da obra

---

203 FELDENS, L. *Direitos...*, *op. cit.*, p. 74.
204 Idem, pp. 77-79.
205 Ibidem, p. 85.

de Luciano Feldens:

> Direito fundamental à tutela penal? Um ponto de mais difícil re-
> solução consiste em identificar se de um dever de proteção se poderia
> extrair um direito subjetivo do titular do direito fundamental à sua
> proteção penal. A questão é realmente controvertida e passa pelo se-
> guinte percurso argumentativo: (i) o dever de proteção é extraído do
> próprio direito fundamental, e isso em decorrência de sua posição ju-
> rídico-objetiva; (ii) poderíamos, a partir disso, *re-subjetivar* a relação,
> reconhecendo que esse dever de proteção (extraído do direito) gera
> um direito (fundamental) à tutela penal? Canotilho parece responder
> afirmativamente, apontando como exemplo de direito a uma presta-
> ção normativa (ou a ações positivas) *o direito à proteção do direito à
> vida através de normas penais, emanadas do Estado.* Alexy revela que a
> tendência do TCF alemão é pela opção objetiva, sugerindo, entretanto,
> que a questão ainda se encontra aberta naquele Tribunal. O real pro-
> blema de analisar a necessidade constitucional de proteção penal pela
> perspectiva subjetiva situa-se no plano da *justiciabilidade* de um tal di-
> reito fundamental (à tutela penal), especialmente porque nestes casos
> o encargo de proteção depende de lei. Parece-nos, pois, que a questão
> melhor se resolve pela dimensão objetiva, pesando sobre o Estado o
> *dever* de implementar a proteção exigida por força da positividade do
> próprio direito fundamental, podendo ser responsabilizado por even-
> tual omissão nesse sentido (...).[206]

É possível ainda questionar a existência de garantismo na esfera
do direito penal e, portanto, sua necessidade:

> Como já alertava García-Pelayo, alguns vocábulos vão perdendo
> algo de sua significação na medida em que passam de boca em boca. A
> expressão *garantismo* parece bem refletir essa situação, sendo pronun-
> ciada, não raramente, de maneira um tanto descriteriosa. No Brasil,
> sua distorcida difusão revela-se frequentemente associada a discursos
> críticos em torno do sistema jurídico-penal, servindo, inclusive, a um
> etiquetamento maniqueísta de profissionais do Direito (professores ou
> operadores), estereotipados como "garantistas" ou "antigarantistas" a
> partir de uma postura mais ou menos liberal que assumam em relação
> à intervenção penal. O ápice da imprecisão de evidencia quando dis-
> cursos radicalmente opostos, de matizes abolicionistas e sociodefensi-
> vistas, autoproclamam-se, ambos, garantistas. Se algo breve deve aqui

---

206 Ibidem, p. 51.

ser dito é que o garantismo não está em nenhum deles.[207]

No entanto, não se vislumbra frutífero discutir um Direito Penal imposto, mas, sim, sua adequação à Constituição Federal (relembremos a distinção entre tipicidade formal e material mencionada no capítulo anterior). "O discurso sobre a legitimação do Direito Penal é, sobretudo, o discurso acerca de sua adaptação material à Constituição."[208]

A respeito do tema:

> Projetando essa análise para nosso objeto de estudo, poderemos assentar que a Constituição e o Direito Penal compartem, entre si, uma relação axiológico-normativa por meio da qual a Constituição funciona como: (a) *limite material* do Direito Penal (erigindo barreiras ao processo criminalizador); (b) *fonte valorativa* do Direito Penal (funcionando como paradigma na escolha de bens jurídicos suscetíveis de proteção jurídico-penal), e (c) *fundamento normativo* do Direito Penal (apontando zonas de obrigatória intervenção do legislador penal).[209]

> Como se é de imaginar, inexiste uma linha demarcatória indicando, com precisão, a partir de qual momento haveriam de incidir, necessariamente, disposições de Direito Penal, e desde quando elas não haveriam de incidir. Isso não impede, contudo, que se construa um raciocínio invertido que, iniciando pelas extremidades, busque apontar situações em que a tutela penal é evidentemente exigível, distinguindo-as daquelas em que ela evidentemente não o é.[210]

Após pequena digressão, voltando ao cerne do estudo impende destacar que, enquanto o *Übermassverbot* é consectário do garantismo liberal-individualista, o *Untermassverbot* é o exercício do garantismo positivo, porquanto a infraproteção estatal também é inconstitucional, quer dizer, fere os direitos fundamentais pela própria abstenção do Estado, desejada em outros tempos ou em circunstâncias distintas. Trata-se, por conseguinte, de um novo constitucionalismo, em que o papel do direito — inclusive e talvez especialmente, do direito penal — deve ser revisto:

---

207 Ibidem, pp. 65-66.
208 Ibidem, p. 29.
209 Ibidem, p. 34
210 Ibidem, p. 31.

É nesse contexto que será preciso compreender que o novo constitucionalismo — e os princípios que o conformam e lhe são condição de possibilidade — proporciona uma profunda alteração no papel do direito. E parece evidente que o Direito Penal não poderia ficar imune a esses influxos. Dito de outro modo, não mais se pode pensar o Direito Penal como se estivéssemos no século XIX.[211]

Se, por um lado, o Direito Penal deve obedecer os princípios da fragmentariedade e da subsidiariedade, deve também ser eficiente na proteção dos bens juridicamente relevantes; caso contrário, não teria razão de existir, isso, tentando não adentrar neste momento a discussão acerca da necessidade e do cabimento da aplicação de penas no atual ordenamento jurídico — haja vista a falta de relevância em se discutir algo estabelecido em quase todos os Estados existentes —, mas, sim, a forma como são aplicadas, conforme já mencionamos. Vejamos:

> Sabe-se que a norma penal não pode se ater à proteção de bens constitucionalmente proscritos ou socialmente irrelevantes — princípio do Direito Penal como *ultima ratio* —, mas deve buscar, por outro lado, uma necessária e proporcional proteção àqueles direitos com transcendência individual e social, previstos na norma fundamental. Por isso, serão os direitos protegidos pela Constituição — e tudo que os envolve — o objeto de análise do princípio da proporcionalidade.[212]

À luz do exposto, constata-se que ocorreu uma evolução irreversível quanto à interpretação do princípio da proporcionalidade, não sendo mais possível falar em apenas uma de suas vertentes, o que justifica que se dediquem itens específicos aos princípios da proibição de excesso de proibição e de proteção deficiente.

2.2.3 Princípio da proibição de excesso de proibição

Como vimos afirmando, a proporcionalidade e o objetivo de concretização dos direitos fundamentais ensejam a manutenção de um

---

211 STRECK, M. L. S. *Op. cit.*, p. 63.
212 Idem, pp. 67-68.

equilíbrio nas ações estatais, ou seja, uma espécie de intervenção tarifada. Diante disso, não se pode permitir que o Estado, sob o argumento de proteger, acabe por atingir outro (ou até o mesmo) direito fundamental de modo ainda mais grave.

É o que se denomina "princípio da proibição de excesso de proibição" (*Übermassverbot*) — o Estado não pode ir além do necessário e adequado, como esclarece Ingo Wolfgang Sarlet:

> (...) para a efetivação de seu dever de proteção, o Estado — por meio de um dos seus órgãos ou agentes — pode acabar por afetar de modo desproporcional um direito fundamental (inclusive o direito de quem esteja sendo acusado da violação de direitos fundamentais de terceiros). Esta hipótese corresponde às aplicações correntes do princípio da proporcionalidade como critério de controle de constitucionalidade das medidas restritivas de direitos fundamentais que, nesta perspectiva, atuam como direitos de defesa, no sentido de proibições de intervenção (portanto, de direitos subjetivos em sentido negativo, se assim preferirmos). O princípio da proporcionalidade atua, neste plano (o da proibição de excesso), como um dos principais limites às limitações dos direitos fundamentais, o que também já é de todos conhecido e dispensa, por ora, maior elucidação.[213]

Tal princípio surgiu em virtude dos frequentes excessos cometidos pelo Estado: a História traz inúmeros exemplos de atuação estatal indevida, mas é de conhecimento geral que a transposição de limites não se restringe ao passado:

> Que a pena privativa de liberdade é resposta não raramente excessiva pela prática de uma infração penal, tendo-se em conta que serve — ou deve servir — para a proteção de bens jurídicos e para a prevenção de delitos, inclusive e em especial quando de sua execução, é dado inegável.[214]

É justamente por isso que o princípio da proporcionalidade, no sentido da vedação de excessiva proibição, deve e vem sendo invocado com frequência. É evidente que não basta usá-lo como argumento

---

213 SARLET, Ingo Wolfgang. "Direitos Fundamentais e Proporcionalidade: notas a respeito dos limites e possibilidades de aplicação das categorias da proibição de excesso e de insuficiência em matéria criminal". In: *Revista da Ajuris*, v. 35, nº 109, mar. 2008.
214 GOMES, M. A. M. *Op. cit.*, p. 202.

ou subterfúgio; é imprescindível verificar o preenchimento de todos os seus subprincípios a fim de (abstratamente) prever e (concretamente) aplicar uma pena a determinado delito.

A obra de Eugenio Raúl Zaffaroni trata também da hierarquização de lesões e a necessária proporcionalidade entre o delito — mesmo que fruto da seletividade — e a pena, abstrata e concretamente imposta:

II. Principio de proporcionalidad mínima

1. La criminalización alcanza un límite de irracionalidad intolerable cuando el conflicto sobre cuya base opera es de ínfima lesividad o cuando, no siéndolo, la afectación de derechos que importa es groseramente desproporcionada con la magnitud de la lesividad del conflicto. Puesto que es imposible demostrar la racionalidad de la pena, las agencias jurídicas deben constatar, al menos, que el costo de derechos de la suspensión del conflicto guarde un mínimo de proporcionalidad con el grado de la lesión que haya provocado. A este requisito se le llama principio de proporcionalidad mínima de la pena con la magnitud de la lesión. Con este principio no se legitima la pena como retribución, pues sigue siendo una intervención selectiva del poder que se limita a suspender el conflicto sin resolverlo. Simplemente se afirma que, dado que el derecho penal debe escoger entre irracionalidades, para impedir el paso de las de mayor calibre, no puede admitir que a esa naturaleza no racional del ejercicio del poder punitivo se agregue una nota de máxima irracionalidad, por la que se afecten bienes de una persona en desproporción grosera con el mal que ha provocado. Esto obliga a jerarquizar las lesiones y a establecer un grado de mínima coherencia entre las magnitudes de penas asociadas a cada conflicto criminalizado, no pudiendo tolerar, por ejemplo, que las lesiones a la propiedad tengan mayor pena que las lesiones a la vida, como sucedía en el caso del derogado art. 38 del decreto-ley 6582/58, razón por la que había sido declarado inconstitucional por la CS, criterio que luego fue alterado con fundamentos que importan ignorar la función hermenéutica de la Constitución tanto como hacer renuncia expresa a la función controladora.

2. Las teorías preventivas de la pena llevan al desconocimiento de este principio, en razón de que, invocando inverificables efectos preventivos, las agencias políticas — y aun las judiciales, con condenas ejemplarizantes — se atribuyen la facultad de establecer penas en forma arbitraria, desconociendo cualquier jerarquía de bienes jurídicos afectados. Esta es otra de las formas en que la falsa (o no verificada) idea de bien jurídico tutelado o protegido (fundada en cualquier teoría preventiva de la pena) neutraliza el efecto limitativo u ordenador del concepto de bien

jurídico afectado o lesionado.
    3. No falta en las leyes el supuesto inverso, en que aparece un irracional privilegio en algunas conminaciones penales, que minimizan una lesión respecto de la regla general dada por las restantes: las privaciones de libertad cometidas por funcionarios (arts. 143 y 144 CP) tienen calificantes comunes con las de los mismos delitos cometidos por no funcionarios (art. 142 CP), pero la escala penal del funcionario público es de uno a cinco años y la del no funcionario de dos a seis años. Toda vez que privilegiar el tratamiento penal del funcionario público es republicanamente inadmisible, corresponde entender que la pena del art. 142 CP es de uno a cinco años.[215]

Observe-se que, no último parágrafo, até mesmo o ministro da Suprema Corte argentina — cujas obras mais recentes apresentam um caráter fortemente minimalista e tendente ao abolicionismo —, aborda implicitamente o princípio da proibição de proteção deficiente, objeto do próximo item.

2.2.4 Princípio da proibição de proteção deficiente

Neste ponto do trabalho, é imprescindível destacar novamente a evolução do princípio da proporcionalidade, como não intervencionismo estatal, para a necessidade de proteção adequada dos direitos fundamentais (*Untermassverbot*):

> Passados dois séculos, é possível dizer que a visão de cunho liberal deixou de lado aquilo que se pode chamar de proteção positiva dos direitos fundamentais por meio do Direito Penal, preocupação típica do Estado Democrático de Direito. (...) vislumbra-se o outro lado da proteção estatal, o da proibição da proteção deficiente (ou insuficiente), chamada no direito Alemão de *Untermassverbot*.[216]

Luciano Feldens aborda a proibição deficiente em alguns aspectos distintos: dignidade constitucional, categoria dogmática autônoma e limiar inferior de liberdade do legislador.[217] Reconhece, desta feita, o

---

215 ZAFFARONI, E. R. *Derecho Penal...*, op. cit., pp. 131-132.
216 STRECK, M. L. S., op. cit., pp. 91-92.
217 FELDENS, L. *Direitos...*, op. cit., pp. 91-95.

dever de proteção *eficaz* por parte do Estado, impedindo que se fique aquém de um mínimo necessário, como esclarece no trecho abaixo transcrito:

> Uma vez reconhecido que pesa sobre o Estado o dever de proteção de um direito fundamental, logicamente que a eficácia da proteção constitucionalmente requerida integrará o próprio conteúdo desse dever, pois um dever de tomar medidas ineficazes não faria sentido. Nesse tom, a partir do momento em que compreendemos que a Constituição proíbe que se desça abaixo de um certo *mínimo* de proteção, a proporcionalidade joga, aqui, como proibição de proteção deficiente.
>
> Diversamente do que sucede com a proibição de intervenção (excessiva), a função de imperativo de tutela pressupõe uma deliberação sobre o "se" e o "como" da proteção, circunstância que torna sua operacionalização mais difícil em relação àquela. Observe-se: enquanto na proibição de intervenção excessiva a legitimidade da ação estatal é questionada em face de uma medida específica (precisamente aquela que foi adotada), na hipótese de um imperativo de tutela a justificação há de estabelecer-se em face de um arsenal de medidas de possível adoção à proteção do direito fundamental (civis, administrativas, penais etc.).[218]

Por consequência, a omissão estatal nos casos em que deveria agir viola um direito fundamental e, da mesma forma, a Constituição. No que concerne ao assunto, Lenio Luiz Streck argumenta:

> A proibição de proteção deficiente pode definir-se como um critério estrutural para a determinação dos direitos fundamentais, com cuja aplicação pode determinar-se se um ato estatal — por antonomásia, uma omissão viola um direito fundamental de proteção.[219]

Marcus Alan de Melo Gomes, por outro lado, argumenta que há apenas limites máximos de punição, mas não limites mínimos, ou seja, admite a existência de um Estado que não exerça o poder punitivo:

> No Estado Democrático de Direito, ademais, há que se ter em conta que o princípio da proporcionalidade, como máxima constitucional — explícita ou implícita, pouco importa — deve revestir-se de um

---

218 Idem, pp. 90-91.
219 STRECK, L. L. *Bem jurídico e Constituição...*, op. cit., p. 8.

sentido garantista. Assim, pode-se afirmar que a proporcionalidade serve para estabelecer limites máximos de punição, mas não limites mínimos irredutíveis.[220]

Luigi Ferrajoli, de forma semelhante, salienta que a inefetividade estrutural não pode ser reparada pela via judiciária, o que reduziria de forma significativa a atuação do Poder Judiciário:

> É pela observação de tais garantias, e antes ainda pela sua introdução, que depende a efetividade dos direitos fundamentais. Podemos, portanto, distinguir dois tipos de inefetividade de tais direitos: uma *inefetividade* contingente, consequente à *violação*, por obra de atos *inválidos* ou ilícitos, das suas garantias; e uma *inefetividade estrutural*, consequente à falta de garantias e das relativas funções e instituições, por causa da omissa produção das leis de atuação. A inefetividade contingente é sempre reparável por meio da intervenção judiciária. Ela consiste, de fato, na comissão de atos inválidos ou de atos ilícitos, uns anuláveis e outros sancionáveis com base no seu acertamento jurisdicional quando da garantia secundária. A inefetividade estrutural, ao contrário, é irreparável pela via judiciária e requer sempre a intervenção do legislador. Ela se manifesta, de fato, na indébita omissão, que somente o legislador pode (e deve) reparar, da legislação de atuação necessariamente requerida pela estipulação constitucional de qualquer direito fundamental.[221]

Tal afirmação, contudo, não tem como prosperar nas sociedades atuais, levando-se em conta fatores históricos, sociais e até mesmo jurídicos. Criticando a doutrina de Luigi Ferrajoli, e defendendo a possibilidade de usar o Direito Penal para a realização dos direitos das pessoas, Lenio Luiz Streck aduz que:

> O projeto garantista de Ferrajoli, assim, tem como base um projeto de democracia social, que forma um todo único com o Estado social de Direito: consiste na expansão dos direitos dos cidadãos e dos deveres do Estado na maximização das liberdades e na minimização dos poderes. Como fórmula sumária, Ferrajoli representa o ordena-

---

220 GOMES, M. A. M. *Op. cit.*, p. 195.
221 FERRAJOLI, Luigi. *Por uma teoria dos direitos e dos bens fundamentais*. Tradução Alexandre Salim, Alfredo Copetti Neto, Daniela Cademartori, Hermes Zaneti Júnior e Sérgio Cademartori. Porto Alegre: Livraria do Advogado, 2011.

mento como Estado liberal mínimo e Estado social máximo: Estado e Direito mínimo na esfera penal, graças à minimização das restrições de liberdade do cidadão e à correlativa extensão dos limites impostos à atividade repressiva; Estado e Direito máximo na esfera social, graças à maximização das expectativas materiais dos cidadãos e à correlativa expansão das obrigações públicas de satisfazê-las.

À evidência, Ferrajoli trabalha com a ideia de que a legitimação do Direito e do Estado provêm de fora ou de baixo, entendida como a soma heterogênea de pessoas, de forças e de classes sociais. Ou seja, como contraponto às teorias autopoiéticas do Direito, que visam, mediante um direito do tipo "reflexivo", não adaptar o Direito aos ensaios da sociedade, mas sim aos limites do *establishment*, reduzindo, com isto, a complexidade social. Ferrajoli parte de uma perspectiva heteropoiética, vale dizer, desde um ponto de vista externo, que significa sobretudo dar primazia axiológica à pessoa e, portanto, a todas as duas específicas e diversas identidades, assim como à variedade e à pluralidade de pontos de vista externos expressos por ela.

Observe-se, porém, o que diz o professor italiano: é relativamente fácil delinear um modelo garantista em abstrato, e traduzir seus princípios em normas constitucionais dotadas de claridade e capazes de deslegitimar, com relativa certeza, as normas inferiores que se apartem dele. Difícil, porém, é modelar as técnicas legislativas e judiciais adequadas para assegurar efetividade aos princípios constitucionais e aos Direitos Fundamentais consagrados por eles. Por isso, faz uma forte crítica à ciência penalista, que teoriza sobre o monopólio penal e judicial da violência institucional, que esquece as práticas autoritárias e as ilegalidades da polícia, confunde a imagem normativa do Direito Penal como técnica de tutela de Direitos Fundamentais e de minimização da violência: o sistema jurídico, por si só, não pode garantir absolutamente nada; as garantias não podem estar sustentadas apenas em normas, nenhum Direito fundamental pode sobreviver concretamente sem o apoio da luta pela realização por parte de quem é seu titular e da solidariedade da força política e social, conclui.[222]

Tecendo críticas semelhantes, Luciano Feldens argumenta que Luigi Ferrajoli partiria de uma concepção unilateral dos direitos fundamentais e, pois, do garantismo:

---

222 STRECK, Lenio Luiz. In: ANDRADE, Vera Regina Pereira de; BARATTA, Alessandro; STRECK, Lênio Luiz. *Criminologia e feminismo*. Porto Alegre: Sulina, 1999, pp. 101-103.

Essa compreensão unidirecional dos direitos fundamentais, a qual se traduz em uma concepção também unilateral de garantismo, fundamenta-se em uma premissa da teoria de Ferrajoli com a qual decididamente não podemos concordar. Ferrajoli prega o garantismo como uma visão pessimista do poder, entendendo-o, *sempre*, como um mal. Compreender o Estado como *sempre* um mal, assinalando-lhe um "irredutível grau de ilegitimidade política", parece-nos demasiado forte. Que um determinado poder (governo) possa descambar "para o mal", achando-se exposto a "degenerar-se em despotismo" não equivale a dizer que *todo* o poder é mau e que *necessariamente* descambará para o despotismo.

Como observa García Figueroa, desde tal ponto de vista a teoria de Ferrajoli expressa uma grande contradição: por um lado, parece ter perdido toda a esperança em redimir o Direito e o Estado de sua "intrínseca imoralidade", mas, por outro, os propósitos transformadores de seu modelo não podem ser compreendidos sem o pressuposto de uma mínima confiança nas próprias possibilidades morais (evidentemente de uma moral crítica) do Estado e do Direito. No particular, Alexy, em cuja se verificam significados pontos de identificação com o paradigma constitucionalista, evidencia um claro contraponto a Ferrajoli.

(...)

A questão novamente passa por compreender a relação que se trava entre Estado e direitos fundamentais no marco do modelo atual. O princípio do Estado constitucional de Direito, na atualidade, não exige apenas a garantia da defesa de direitos e liberdades contra o Estado; exige, também, a defesa dos mesmos contra quaisquer poderes sociais de fato. Nessa linha, se poderá afirmar, com Baptista Machado, que a ideia de Estado (Constitucional) de Direito se *demite* de sua função quando se abstém de recorrer aos meios *preventivos* e *repressivos* que se mostrarem indispensáveis à tutela da segurança, dos direitos e liberdades dos cidadãos. A necessidade de uma intervenção eficaz do Estado na preservação dos direitos fundamentais e/ou interesses constitucionais é missão de um Direito Penal valorativamente ajustado ao modelo de Estado constitucional nas vestes Estado Social e Democrático de Direito, um modelo no qual há coisas sobre as quais o legislador *não pode decidir* e algumas outras sobre as quais *não pode deixar* de decidir.[223]

No Brasil, podem-se destacar os seguintes votos do Ministro do

---

223 FELDENS, L. *Direitos...*, *op. cit.*, pp. 70-71.

Supremo Tribunal Federal Gilmar Mendes, pioneiro na aplicação do princípio da proibição de proteção deficiente. Muito embora sejam longas as transcrições, mostram-se muito relevantes para a argumentação que se fará no próximo capítulo:

> De outro modo, estar-se-ia a blindar, por meio de norma penal benéfica, situação fática indiscutivelmente repugnada pela sociedade, caracterizando-se típica hipótese de proteção insuficiente por parte do Estado, num plano mais geral, e do Judiciário, num plano mais específico.
>
> Quanto à proibição de proteção insuficiente, a doutrina vem apontando para uma espécie de garantismo positivo, ao contrário do garantismo negativo (que se consubstancia na proteção contra os excessos do Estado) já consagrado pelo princípio da proporcionalidade. A proibição de proteção insuficiente adquire importância na aplicação dos direitos fundamentais de proteção, ou seja, na perspectiva do dever de proteção, que se consubstancia naqueles casos em que o Estado não pode abrir mão da proteção do direito penal para garantir a proteção de um direito fundamental.
>
> (...)
>
> Dessa forma, para além da costumeira compreensão do princípio da proporcionalidade como proibição de excesso (já fartamente explorada pela doutrina e jurisprudência pátrias), há uma outra faceta desse princípio, a qual abrange uma série de situações, dentre as quais é possível destacar a dos presentes autos.
>
> Conferir à situação dos presentes autos o status de união estável, equiparável a casamento, para fins de extinção da punibilidade (nos termos do art. 107, VII, do Código Penal) não seria consentâneo com o princípio da proporcionalidade no que toca à proibição de proteção insuficiente.
>
> Isso porque todos os Poderes do Estado, dentre os quais evidentemente está o Poder Judiciário, estão vinculados e obrigados a proteger a dignidade das pessoas, sendo este mais um motivo para acompanhar a divergência inaugurada pelo Min. Joaquim Barbosa.[224]

Delimitar o âmbito de proteção do direito fundamental à vida e à dignidade humana e decidir questões relacionadas ao aborto, à eutanásia e à utilização de embriões humanos para fins de pesquisa e terapia são, de fato, tarefas que transcendem os limites do jurídico e

---

224 Supremo Tribunal Federal. RE 418.276-5, Rel. Min. Joaquim Barbosa, julgado em 9/2/2006.

envolvem argumentos de moral, política e religião que vêm sendo debatidos há séculos sem que se chegue a um consenso mínimo sobre uma resposta supostamente correta para todos.

Apesar dessa constatação, dentro de sua competência de dar a última palavra sobre quais direitos a Constituição protege, as Cortes Constitucionais, quando chamadas a decidir sobre tais controvérsias, têm exercido suas funções com exemplar desenvoltura, sem que isso tenha causado qualquer ruptura do ponto de vista institucional e democrático. Importantes questões nas sociedades contemporâneas têm sido decididas não pelos representantes do povo reunidos no parlamento, mas pelos Tribunais Constitucionais. Cito, a título exemplificativo, a famosa decisão da Suprema Corte norte-americana no caso Roe vs. Wade, assim como as decisões do Tribunal Constitucional alemão nos casos sobre o aborto (BverfGE 39, 1, 1975; BverfGE 88, 203, 1993).

Muito se comentou a respeito do equívoco de um modelo que permite que juízes, influenciados por suas próprias convicções morais e religiosas, deem a última palavra a respeito de grandes questões filosóficas, como a de quando começa a vida.

Lembro, em contra-argumento, as palavras de Ronald Dworkin que, na realidade norte-americana, ressaltou o fato de que "os Estados Unidos são uma sociedade mais justa do que teriam sido se seus direitos constitucionais tivessem sido confiados à consciência de instituições majoritárias".

Em nossa realidade, o Supremo Tribunal Federal vem decidindo questões importantes, como a recente afirmação do valor da fidelidade partidária (MS nº 26.602, 26.603 e 26.604), sem que se possa cogitar de que tais questões teriam sido melhor decididas por instituições majoritárias, e que assim teriam maior legitimidade democrática.

Certamente, a alternativa da atitude passiva de *self restraint* — ou, em certos casos, de *greater restraint*, utilizando a expressão de García de Enterría — teriam sido mais prejudiciais ou menos benéficas para nossa democracia.

O Supremo Tribunal Federal demonstra, com este julgamento, que pode, sim, ser uma Casa do povo, tal qual o parlamento. Um lugar onde os diversos anseios sociais e o pluralismo político, ético e religioso encontram guarida nos debates procedimental e argumentativamente organizados em normas previamente estabelecidas. As audiências públicas, nas quais são ouvidos os expertos sobre a matéria em debate, a intervenção dos *amici curiae*, com suas contribuições jurídica e socialmente relevantes, assim como a intervenção do Ministério Público, como representante de toda a sociedade perante o Tribunal, e das advocacias pública e privada, na defesa de seus interesses, fazem desta Corte também um espaço democrático. Um espaço aberto à reflexão e à argumentação jurídica e moral, com ampla repercussão na coletividade e nas instituições democráticas.

(...)

A primeira impressão, não há dúvida, é de que a lei é deficiente na regulamentação do tema e, por isso, pode violar o princípio da proporcionalidade não como proibição de excesso (*Übermassverbot*), mas como proibição de proteção deficiente (*Untermassverbot*).

Como é sabido, os direitos fundamentais se caracterizam não apenas por seu aspecto subjetivo, mas também por uma feição objetiva que os torna verdadeiros mandatos normativos direcionados ao Estado.

A dimensão objetiva dos direitos fundamentais legitima a ideia de que o Estado se obriga não apenas a observar os direitos de qualquer indivíduo em face das investidas do Poder Público (direito fundamental enquanto direito de proteção ou de defesa — *Abwehrrecht*), mas também a garantir os direitos fundamentais contra agressão propiciada por terceiros (*Schutzpflicht des Staats*).

A forma como esse dever será satisfeito constitui, muitas vezes, tarefa dos órgãos estatais, que dispõem de alguma liberdade de conformação. Não raras vezes, a ordem constitucional identifica o dever de proteção e define a forma de sua realização.

A jurisprudência da Corte Constitucional alemã acabou por consolidar entendimento no sentido de que do significado objetivo dos direitos fundamentais resulta o dever do Estado não apenas de se abster de intervir no âmbito de proteção desses direitos, mas também de proteger tais direitos contra a agressão ensejada por atos de terceiros.

Essa interpretação da Corte Constitucional empresta sem dúvida uma nova dimensão aos direitos fundamentais, fazendo com que o Estado evolua da posição de "adversário" para uma função de guardião desses direitos.

É fácil ver que a ideia de um dever genérico de proteção fundado nos direitos fundamentais relativiza sobremaneira a separação entre a ordem constitucional e a ordem legal, permitindo que se reconheça uma irradiação dos efeitos desses direitos sobre toda a ordem jurídica.

Assim, ainda que não se reconheça, em todos os casos, uma pretensão subjetiva contra o Estado, tem-se, inequivocamente, a identificação de um dever deste de tomar todas as providências necessárias para a realização ou concretização dos direitos fundamentais.

Os direitos fundamentais não podem ser considerados apenas como proibições de intervenção (*Eingriffsverbote*), expressando também um postulado de proteção (Schutzgebote). Utilizando-se da expressão de Canaris, pode-se dizer que os direitos fundamentais expressam não apenas uma proibição do excesso (*Übermassverbote*), mas também podem ser traduzidos como proibições de proteção insuficiente ou imperativos de tutela (*Untermassverbote*).

Nos termos da doutrina e com base na jurisprudência da Corte Constitucional alemã, pode-se estabelecer a seguinte classificação do dever de proteção:

a) dever de proibição (*Verbotspflicht*), consistente no dever de se proibir uma determinada conduta;

b) dever de segurança (*Sicherheitspflicht*), que impõe ao Estado o dever de proteger o indivíduo contra ataques de terceiros mediante a adoção de medidas diversas;

c) dever de evitar riscos (*Risikopflicht*), que autoriza o Estado a atuar com o objetivo de evitar riscos para o cidadão em geral mediante a adoção de medidas de proteção ou de prevenção especialmente em relação ao desenvolvimento técnico ou tecnológico.

Discutiu-se intensamente se haveria um direito subjetivo à observância do dever de proteção ou, em outros termos, se haveria um direito fundamental à proteção. A Corte Constitucional acabou por reconhecer esse direito, enfatizando que a não-observância de um dever de proteção corresponde a uma lesão do direito fundamental previsto no art. 2, II, da Lei Fundamental.

Assim, na dogmática alemã é conhecida a diferenciação entre o princípio da proporcionalidade como proibição de excesso (*Übermassverbot*) e como proibição de proteção deficiente (*Untermassverbot*). No primeiro caso, o princípio da proporcionalidade funciona como parâmetro de aferição da constitucionalidade das intervenções nos direitos fundamentais como proibições de intervenção. No segundo, a consideração dos direitos fundamentais como imperativos de tutela (Canaris) imprime ao princípio da proporcionalidade uma estrutura diferenciada. O ato não será adequado quando não proteja o direito fundamental de maneira ótima; não necessário na hipótese de existiram medidas alternativas que favoreçam ainda mais a realização do direito fundamental; e violará o subprincípio da proporcionalidade em sentido estrito se o grau de satisfação do fim legislativo é inferior ao grau em que não se realiza o direito fundamental de proteção.

Na jurisprudência do Tribunal Constitucional alemão, a utilização do princípio da proporcionalidade como proibição de proteção deficiente pode ser encontrada na segunda decisão sobre o aborto (BverfGE 88, 203, 1993). O *Bundesverfassungsgericht* assim se pronunciou:

"O Estado, para cumprir com seu dever de proteção, deve empregar medidas suficientes de caráter normativo e material, que levem a alcançar — atendendo à contraposição de bens jurídicos — a uma proteção adequada, e como tal, efetiva (proibição de insuficiência).

(...)

É tarefa do legislador determinar, detalhadamente, o tipo e a extensão da proteção. A Constituição fixa a proteção como meta, não detalhando, porém, sua configuração. No entanto, o legislador deve observar a proibição de insuficiência ( ). Considerando-se bens jurídicos contrapostos, necessária se faz uma proteção adequada. Decisivo é que a proteção seja eficiente como tal. As medidas tomadas pelo legislador devem ser suficientes para uma proteção adequada e eficiente e, além disso, basear-se em cuidadosas averiguações de fatos e avaliações racionalmente sustentáveis. (...)".[225]

Desta forma, o viés menos abordado dos direitos fundamentais e de proporcionalidade (face positiva ou de atuação) vem sendo reconhecido não só pelos principais ícones do Direito Constitucional no Brasil, mas também pelos Tribunais, que têm aplicado o princípio da proibição de proteção deficiente a casos concretos, além do já pacificamente aceito princípio da proibição de excesso de proibição.

---

225 Supremo Tribunal Federal. ADIN 3.510, Rel. Min. Carlos Ayres Britto, julgada em 29/5/2008.

3. Aplicação concreta dos princípios da proibição de proteção deficiente e de excesso de proibição quanto aos crimes sexuais

São objeto da presente obra os princípios de proibição de excesso de proibição e de proteção deficiente e sua aplicação no âmbito do direito penal, mas pretendemos dar especial atenção aos crimes contra a dignidade sexual — entendidos de forma ampla, incluindo aqueles que não estão previstos no Código Penal. Para tanto, é necessário fazer breves incursões em algumas outras searas que serão indispensáveis à compreensão das situações concretas que almejamos estudar.

3.1 Compreensão e interpretação

Antes de se adentrar a análise de situações concretamente deduzidas, é importante tecer algumas considerações acerca da conotação conferida aos crimes sexuais e do caráter equivocadamente valorativo da interpretação,[226] sempre impregnada de pragmatismo e preconceitos de gênero: até mesmo através de ações ditas afirmativas, se percebe esse tipo de ocorrência.

Tais observações são facilmente comprovadas através de inúme-

---

226 "Em face de tudo isso, é possível dizer que há vários modos de compreender essa (nova) fenomenologia (teorias discursivas, teorias argumentativas, teorias sistêmicas, teorias analíticas em geral, etc.). Um caminho promissor pode ser desenhado a partir da imbricação da hermenêutica filosófica com a teoria da *'law as integrity'* de Dworkin. Com efeito, ambas são antirrelativistas e antidiscricionárias, apostando, respectivamente, na tradição, coerência e na integridade para conter as "contingências" do direito, que seduzem os juízes a julgar pragmaticamente. Mais ainda, Gadamer e Dworkin não cindem 'interpretação' de 'aplicação'. Para eles, não há grau zero na interpretação. As 'contingências' são limitadas pela tradição/ integridade/ coerência. É neste ponto — insisto — que o mecanismo das súmulas vinculantes, desde que aplicado à luz da integridade e da coerência, pode ser um importante componente para a construção de respostas constitucionalmente adequadas." (STRECK, L. L. *Verdade..., op. cit.*, pp. 569-570)

ros precedentes, dentro os quais se destaca a interpretação acerca do já revogado artigo 107, VII, conforme argumenta Lenio Luiz Streck:

> Nessa linha de análise de decisões adequadas e inadequadas, merece também registro o julgamento do RE nº 418.376 pelo Supremo Tribunal Federal, em que se discutiu a aplicação da extinção da punibilidade prevista no (atualmente derrogado) art. 107, VII, do Código Penal. O julgamento do RE nº 418.376 possui uma importância simbólica ímpar, porque trata da primeira aplicação do princípio da proibição de proteção insuficiente/ deficiente (*Untermassverbot*), constante do voto do Ministro Gilmar Mendes. O art. 107, VII, extinguia a punibilidade dos chamados crimes contra os costumes definidos nos Capítulos I, II e III, do Título VI da Parte Especial do Código Penal (estupro, atentado violento ao pudor, sedução, rapto, corrupção de menores, posse sexual e atentado ao pudor mediante fraude) na hipótese de casamento da vítima com o réu. Já o inciso VIII estabelecia a extinção da punibilidade inclusive em caso de casamento da vítima com terceiros.
>
> (...)
>
> O *hard case* a ser examinado aqui se consubstancia, desse modo, a partir da relevante circunstância de que, até então os Tribunais brasileiros vinham estendendo o favor *legis* aos casos de concubinato e união estável, a partir de uma interpretação analógica, valendo lembrar, nesse sentido, o julgamento do RHC 79788-MG e do HC 89.938-SP pelo Supremo Tribunal Federal e o RESP 2006/ 0044469-3 pelo Superior Tribunal de Justiça, lembrando, ademais, que os demais Tribunais — na esteira na doutrina penal uníssona — aplicavam o mesmo entendimento, modo tábula rasa. Releva registrar, por outro lado, que a posição do Ministério Público brasileiro, com raríssimas exceções, perfilhava o mesmo entendimento, o que pode ser observado pelo parecer emitido pela Procuradoria Geral da República, sustentando, no mérito, que o recorrente deveria ser beneficiado pela extinção da punibilidade.
>
> (...)
>
> Tratando-se de jurisdição constitucional — e cada decisão, mormente da Suprema Corte, é sempre uma decisão desse jaez — apenas a terceira posição feriu a contradição principal do problema, ao colocar em xeque *a própria validade do dispositivo autorizador da extinção da punibilidade*, e o fez lançando mão, pela primeira vez no Supremo Tribunal Federal, da *garantia principiológica de que nenhuma lei pode proteger de forma deficiente a um direito fundamental* (entificada minimamente como "princípio da proibição de proteção insuficiente ou

Untermassverbot).[227]

Vê-se que, ao proferir decisões desse cunho, os magistrados usam o poder que lhes é conferido para impor seus valores, e não apenas para aplicar a lei.

Somente para fins de reflexão, e até talvez de divagação, veja-se o que Martin Heidegger argumenta em sua obra *Meditação*:

> Toda essência do poder e toda essência detentora do poder, contudo, é em si um desvio em relação a tais decisões, cuja peculiaridade essencial permanece essencialmente velada ao poder, porque o caráter de comando do poder assume o primeiro plano, mas o comando representa, de todo modo, ao menos a transmissão e a conformação de um estar decidido. Todavia, nem todo estar decidido emerge de uma decisão; se ele chega a emergir de uma decisão, então ela não precisa ser uma essencial do tipo em que, nela, a essência do ser mesmo é colocada em jogo (É por isto que todos os detentores do poder se servem da "juventude" que está em conformidade com eles: porque essa juventude traz consigo a indispensável ignorância que garante aquela falta de respeito e aquela incapacidade de veneração, que são necessárias para realizar a destruição planejada sob a aparência da nova irrupção e para escapar aí de toda decisão).[228]

É importante salientar que a atividade jurisdicional deve ser sempre pautada pela ética, tanto que, em 2008, o Conselho Nacional de Justiça editou o Código de Ética da Magistratura Nacional — que não deveria ser sequer necessário, tendo em vista que dispõe sobre princípios já consagrados na Constituição Federal que deveriam ser respeitados, independentemente de qualquer regulamentação —, considerando especialmente que se deve incrementar a confiança da sociedade no Poder Judiciário. Assim, dentre tantos outros preceitos, enalteceram-se a garantia da dignidade da pessoa humana e a imparcialidade, conforme se infere dos dispositivos abaixo transcritos:

CÓDIGO DE ÉTICA DA MAGISTRATURA NACIONAL
(Aprovado na 68ª Sessão Ordinária do Conselho Nacional de Justiça, do dia 06 de agosto de 2008, nos autos do Processo nº

---

227 Idem, pp. 549-551.
228 HEIDEGGER, M. *Meditação...*, *op. cit.*, p. 21.

200820000007337)

O CONSELHO NACIONAL DE JUSTIÇA, no exercício da competência que lhe atribuíram a Constituição Federal (art. 103-B, § 4º, I e II), a Lei Orgânica da Magistratura Nacional (art. 60 da LC nº 35/ 79) e seu Regimento Interno (art. 19, incisos I e II);

Considerando que a adoção de Código de Ética da Magistratura é instrumento essencial para os juízes incrementarem a confiança da sociedade em sua autoridade moral;

Considerando que o Código de Ética da Magistratura traduz compromisso institucional com a excelência na prestação do serviço público de distribuir Justiça e, assim, mecanismo para fortalecer a legitimidade do Poder Judiciário;

Considerando que é fundamental para a magistratura brasileira cultivar princípios éticos, pois lhe cabe também função educativa e exemplar de cidadania em face dos demais grupos sociais;

Considerando que a Lei veda ao magistrado "procedimento incompatível com a dignidade, a honra e o decoro de suas funções" e comete-lhe o dever de "manter conduta irrepreensível na vida pública e particular" (LC nº 35/ 79, arts. 35, inciso VIII, e 56, inciso II); e

Considerando a necessidade de minudenciar os princípios erigidos nas aludidas normas jurídicas;

RESOLVE aprovar e editar o presente CÓDIGO DE ÉTICA DA MAGISTRATURA NACIONAL, exortando todos os juízes brasileiros à sua fiel observância.

CAPÍTULO I
DISPOSIÇÕES GERAIS

Art. 1º O exercício da magistratura exige conduta compatível com os preceitos deste Código e do Estatuto da Magistratura, norteando-se pelos princípios da independência, da imparcialidade, do conhecimento e capacitação, da cortesia, da transparência, do segredo profissional, da prudência, da diligência, da integridade profissional e pessoal, da dignidade, da honra e do decoro.

Art. 2º Ao magistrado impõe-se primar pelo respeito à Constituição da República e às leis do País, buscando o fortalecimento das instituições e a plena realização dos valores democráticos.

Art. 3º A atividade judicial deve desenvolver-se de modo a garantir e fomentar a dignidade da pessoa humana, objetivando assegurar e promover a solidariedade e a justiça na relação entre as pessoas.

(...)

CAPÍTULO III
IMPARCIALIDADE

Art. 8º O magistrado imparcial é aquele que busca nas provas a verdade dos fatos, com objetividade e fundamento, mantendo ao longo de todo o processo uma distância equivalente das partes, e evita todo o tipo de comportamento que possa refletir favoritismo, predisposição ou preconceito.

Art. 9º Ao magistrado, no desempenho de sua atividade, cumpre dispensar às partes igualdade de tratamento, vedada qualquer espécie de injustificada discriminação.

Parágrafo único. Não se considera tratamento discriminatório injustificado:

I - a audiência concedida a apenas uma das partes ou seu advogado, contanto que se assegure igual direito à parte contrária, caso seja solicitado;

II - o tratamento diferenciado resultante de lei.

(...).[229]

Quando o juiz *interpreta* as normas com base em sua própria noção de moral — muitas vezes sem conseguir distinguir Moral e Direito[230] — ou outros fatores condicionantes, que não sejam intrínsecos ao sistema, não age de forma ética: sentimentos sociais não podem ser motivo de criminalização de condutas, sejam primárias ou secundárias, conforme esclarece Fábio Konder Comparato:

> Os grandes morais da ideologia liberal-capitalista, como se sabe, sempre foram a ordem e a segurança das relações privadas, sobretudo as de conteúdo econômico. Para tanto, os sacerdotes do credo capitalista não cessam de enfatizar a necessidade de vigência de um sistema jurídico estável, no qual haja previsibilidade de aplicação efetiva de suas normas, tanto pela administração pública, quanto pelos tribunais. Ou seja, no condensado de uma fórmula célebre, *law and order*. A legitimidade de qualquer sistema jurídico, portanto, há de ser aferida, segundo essa concepção, não por meio de um juízo ético referido a valores externos ao próprio ordenamento, mas por um critério que

---

229 BRASIL. *Código de Ética da Magistratura Nacional*. Disponível em <http://www.cnj.jus.br/codigo-de-etica-da-magistratura> Acesso em: 13 jul 2011.
230 A respeito do tema: "Por óbvio, pode-se entender a moral como sendo lastro ao espectro maior do Direito Penal, formatando-se como referencial a este. O que não pode ser aceito é que a tese do lastro dos conteúdos morais venha a prevalecer, fazendo com que o discurso sectário de alguns venha a se edificar como figuras típicas que não agridem a bens jurídicos concretos. O discurso jurídico, sem dúvida, como sustentam Habermas e Alexy, pode ser parte do discurso moral, mas nunca de forma dependente deste. Com a pretensão de se ter com Luhmann, a estabilização das expectativas sociais, acaba por se formatar o bem jurídico de maneira relativamente destacada deste discurso e com destinação *urbi et orbi*." (SILVEIRA, R. M. J. *Op. cit.*, p. 124.)

lhe é intrínseco. Tal critério, as obras de Austin e Kelsen apontaram com muita clareza: a regularidade formal de produção das normas jurídicas. O direito, como sustentou Kelsen, é uma construção escalonada de normas (*eine normative Stufenbau*), em que as inferiores tiram sua validade das superiores, até se atingir aquele primeiro pressuposto lógico-transcendental, que é a norma fundamental. A vida jurídica dispensa completamente, portanto, o juízo ético. Toda ordem jurídica, pelo simples fato de existir e funcionar segundo uma regularidade lógica interna, é necessariamente justa.

Graças à ação ideológica do positivismo jurídico, passou-se, tranquilamente, da concepção substancial à meramente formal de Constituição. Nas origens, a função maior senão única, de uma Constituição, era a garantia dos cidadãos contra o abuso de poder. Em 1789, os representantes do povo francês, constituídos em assembleia nacional, declararam que "toda sociedade, na qual a garantia dos direitos não é assegurada, nem a separação dos poderes determinada, não tem Constituição" (Declaração dos Direitos do Homem e do Cidadão, art. 16). Depois do trabalho de sapa do positivismo jurídico, passou-se a admitir a existência e validade jurídica de Constituições com qualquer conteúdo. A Constituição tendeu a ser, doravante, uma espécie de codificação, cuja diferença em relação às outras consistiria em sua maior força normativa e em não poder ser ela alterada pelos meios ordinários. Além disso, desenvolveu-se uma tendência à dissolução do corpo normativo constitucional em normas esparsas, as chamadas *leis constitucionais*. Após a sua derrota na guerra de 1870 contra a Prússia, a França passou a ser regida a partir de 1875, não por uma Constituição, mas por várias leis constitucionais: sobre a organização dos poderes públicos, sobre a organização do Senado, sobre as relações entre os poderes públicos.

Nessas condições, o objeto próprio de uma Constituição deixou de ser a proteção dos cidadãos contra o abuso de poder, reduzindo-se à regulação do funcionamento dos órgãos estatais. De onde a conhecida crítica do movimento neoliberal às declarações constitucionais de proteção aos direitos econômicos e sociais, em nome da "governabilidade".

Ora, com a afirmação da simples legalidade formal como fator de legitimidade política, e pela redução da Constituição ao nível de mero ordenamento dos órgãos estatais, qualquer que seja a finalidade última perseguida pelos governantes, é inegável que os positivistas do direito contribuíram, decisivamente, para o surgimento, no século XX, de um dos piores monstros que a humanidade jamais conheceu em toda a sua longa história: o Estado totalitário.[231] (grifo nosso)

---

231 COMPARATO, Fábio Konder. *Ética: direito, moral e religião no mundo moderno.*

Atualmente, já se compreende que a decisão judicial é um sintoma da fusão de horizontes, através da qual não se consegue identificar o que a condicionou. Nesse sentido, extrai-se da obra de Hans-Georg Gadamer:

> Assim, não existe seguramente nenhuma compreensão totalmente livre de preconceitos, embora a vontade do nosso conhecimento deva sempre buscar escapar de todos os nossos preconceitos. No conjunto da nossa investigação mostrou-se que a certeza proporcionada pelo uso dos métodos científicos não é suficiente para garantir a verdade. Isso vale sobretudo para as ciências do espírito, mas de modo algum significa uma diminuição de sua cientificidade. Significa, antes, a legitimação da pretensão de um significado humano especial, que elas vêm reivindicando desde antigamente. O fato de que o ser próprio daquele que conhece também entra em jogo no ato de conhecer marca certamente o limite de "método" mas não o da ciência. O que o instrumental do "método" não consegue alcançar deve e pode realmente ser alcançado por uma disciplina do perguntar e do investigar que garante a verdade.[232]

Diante de tudo o que foi exposto, mesmo que de forma pouco aprofundada, conclui-se que não se pode garantir uma compreensão absolutamente livre, independentemente de métodos científicos que venham a ser usados.

3.2 Psicanálise e Direito

Neste capítulo é imprescindível — sem qualquer ambição de esgotar o tema ou abordá-lo de forma essencialmente técnica (o que exigiria uma pesquisa profunda, em bibliografia especializada), tendo em vista que não é o cerne da questão — fazer uma breve incursão no campo da psicanálise já que alguns de seus principais conceitos repercutem na prática de crimes sexuais e, talvez com a mesma frequência e intensidade, na decisão judicial quanto a esses delitos.

São Paulo: Companhia das Letras, 2006, pp. 362-363.
232 GADAMER, Hans-Georg. *Verdade e método*. Petrópolis/RJ: Editora Vozes, 2008, p. 631.

Nesse sentido:

> Em primeiro lugar, a compatibilização teórica de institutos jurídicos com a *psicanálise* não pode ser feita de maneira simplista, precisando de contornos próprios e um tanto quanto dificultosos. Numa segunda dimensão, deve-se considerar que o *Direito* não é afeito a esse diálogo, pretendendo o domínio total pela racionalidade consciente.[233]

Ainda no que concerne ao diálogo que deve se dar entre o direito e a psicanálise, importa transcrever:

> De fato, as diversas modalidades de explicação da legalidade imanente, para além da força e das justificativas racionais que compõem o seu texto, mantêm viva a remissão a um ponto de referência última, cuja função invariável consiste, justamente, em fomentar no sujeito a ilusão de uma possível completude. Como os diversos nomes da lei demonstram, há sempre um lugar que sabe aquilo que é bom para o homem, o que acaba, portanto, por desresponsabilizá-lo em relação às suas escolhas, como também em face da própria normatividade que regulamenta a sua existência. A manutenção dessa crença, por sua vez, leva à descaracterização da lei como um limite simbólico — uma metáfora possível para a articulação das trocas humanas e sociais —, na medida em que, antes de apontar para um marco constitutivo do sujeito, investe na direção oposta, ou seja: a possibilidade de uma obturação imaginária a partir da qual as barreiras interpostas à liberdade do ser humano não podem ser analisadas sem uma atenção particular à sua contraface — o gozo daquele que faz a lei e coloca-se acima dela, impondo aos indivíduos a vontade de um único sujeito que diz: Enfim, o paraíso é possível, ele é justamente aquilo que eu tenho para os obedientes! A respeito desse ato de fé, Freud alerta: enquanto o sujeito permanecer acreditando nos desígnios irrevogáveis de deus (ou dos seus prepostos), tudo o que lhe resta — como último consolo e como fonte de prazer possível — é uma submissão incondicional.[234]

É necessário, assim, invocar a noção de inconsciente como determinante também na construção e aplicação do direito:

---

233 MORAIS DA ROSA, Alexandre. *Decisão Penal: a bricolage de significantes*. Rio de Janeiro: Lumen Juris, 2006, p. 1.
234 PHILIPPI, Jeanine Nicolazzi. *A lei: uma abordagem a partir da leitura cruzada entre Direito e Psicanálise*. Belo Horizonte: Del Rey, 2001, pp. 221-223.

Ao falar do inconsciente (dos atores envolvidos no e pelo discurso jurídico), necessita-se de um retorno a Freud, já que foi ele quem franqueou sua abertura/ construção. Este dito acontece, pois, em bases freudianas e lacanianas, com especial relevo para esta, que deu um passo a mais (sempre fiel à matriz freudiana, diga-se, *en passant*) no que se refere ao inconsciente freudiano, indicando os registros — Imaginário, Simbólico e Real (Lacan) — unidos pelo quarto elemento, a 'metáfora paterna', no 'nó de borromeu'. Então, o inconsciente, sob a perspectiva lacaniana, possui uma tripartição estrutural composta por 'Real - Simbólico - Imaginário'.[235]

Ainda acerca do inconsciente e seu papel nas manifestações pessoais e sociais, incluindo a interpretação da lei, é importante destacar o seguinte trecho:

Preparada a terra, então, estabelece-se o sentido da lei — metáfora do limite — na formação do *registro do Simbólico* dos ocidentais identificada com a *palavra do pai — único sujeito —* garantidor da legalidade da estrutura, do aparelho psíquico. Esse lugar fundante do *Outro* tentará fazer a ponte entre as formações do *inconsciente* e a lei jurídica, bem como seus efeitos no ato de interpretação. A estrutura da Lei do *inconsciente*, estabelecedora do limite é desnudada, fazendo parte integrante das manifestações pessoais e sociais. A subjetividade ganha, assim, um novo componente não afeto às estruturas racionais, operando com mecanismos *cifrados* — do *Real* —, os quais poderão ser indicados pela *psicanálise*. O *sujeito* é uma construção, não nasce assim, assim..., enfim, não se autofunda, até porque é filho de alguém que deve ceder seu lugar de filho, tem um nome pré-dado, e quando nomeado se aliena. Por sua história *singular* o *sujeito* pode redescobrir a constituição de sua *subjetividade* e a dos motivos pelos quais alguns juízes gostam tanto do Direito Penal, dos crimes sexuais, por exemplo.[236]

Muito embora fosse possível invocar inúmeros outros conceitos da psicanálise,[237] o mais relevante para este estudo é, de fato, a noção de

---

235 MORAIS DA ROSA, Alexandre. *Jurisdição do real x controle penal: direito & psicanálise, via literatura.* Petrópolis: KBR, 2011, p. 68.
236 MORAIS DA ROSA, Alexandre. *Decisão Penal...*, p. 17.
237 Apenas a título de ilustração, transcrevemos os conceitos de ego e superego apresentados por Otto Fenichel: "O ego trabalha seletivamente na sua recepção das percepções e também na autorização que dá a que os impulsos ganhem motilidade; opera como aparelho inibidor, o qual controla, por esta função inibidora, a posição do or-

inconsciente e sua repercussão, especialmente, nas decisões judiciais.

Diante do que se expôs, não se pode esperar que uma decisão seja fruto apenas da razão, sem influências do subconsciente ou, ainda, sem que se encarne um réu interior presente em cada sentença, como destaca Gabriel Antinolfi Divan:

> A "operação" judicial decisória (especialmente quando nos referimos aos crimes contra a liberdade sexual) não pode ser tida como se

---

ganismo no mundo exterior. Alexander, em sua "análise vectorial", considera todas as tendências psíquicas como sendo combinações de ingestão, retenção e eliminação (44). Acrescentamos: A vida começa com a ingestão; mas, com a ingestão inicial, aparece a primeira necessidade de eliminação; a retenção, contudo, produz-se posteriormente sob influências complicadoras.

O ego desenvolve capacidades com as quais pode observar, selecionar e organizar estímulos e impulsos — as funções do juízo e da inteligência, além de desenvolver métodos com os quais conserva os impulsos rejeitados pela motilidade, mediante o uso de quantidades de energia que se mantêm prontas para este fim; ou seja, o ego bloqueia a tendência à descarga e transforma o processo primário no processo secundário (552, 590); tudo isso se realiza por meio de uma organização especial que visa a preencher suas diversas tarefas com um mínimo de esforço (princípio da função múltipla) (1551).

Por baixo da periferia organizada do ego situa-se o cerne de um caos dinâmico, caos de forças que lutam pela descarga e nada mais, constantemente, porém, recebendo estimulações novas tanto de percepções externas quanto de percepções internas, influenciadas por fatores somáticos que determinam a maneira pela qual as percepções são experimentadas (590, 608). A organização orienta-se da superfície para a profundidade. O ego está para o id assim como o ectoderma está para o endoderma; e vem a ser o mediador entre o organismo e o mundo exterior. Nesta qualidade, tem de dar proteção contra influências hostis originadas do mundo exterior restringente. Não há por que presumir que o ego, criado para o fim de garantir gratificação dos impulsos, seja de qualquer maneira hostil aos instintos." (FENICHEL, Otto. *Teoria psicanalítica das neuroses*. São Paulo: Atheneu, 2000, pp. 13-14.)

"A complicação que mais tarde ocorre na estruturação do ego, a instauração do superego, também é decisiva na formação dos padrões habituais do caráter. O que um indivíduo considera bom ou mau é característico dele, assim também, o fato de ele levar ou não a sério os comandos da sua consciência, de obedecer à sua consciência ou tentar contra ela se rebelar. A estruturação do superego, sua força, a maneira pela qual o ego a ele reage, dependem, primeiramente, do comportamento real dos pais; em segundo lugar, das relações instintivas da criança em relação aos pais, o que, por sua vez, depende da constituição e da soma de experiências anteriores. Não se trata só de saber que tipo de gente os pais foram; a formação do superego depende de vários outros fatores também: qual das atitudes parentais a criança adota; se imita o comportamento positivo ou as atitudes proibitivas dos pais; em que estádio do desenvolvimento tudo isso ocorre; se o restante do ego se fusiona com a parte que haja sido alterada pela identificação, ou se se estabelece com oposição. O superego é o portador de uma geração a outra tanto do conteúdo do bom e do mau quanto da própria ideia de bem e mal; da atitude que vigora em relação a esta ideia e da aceitação ou rejeição de uma autoridade que exige obediência e promete proteção, se aquela for mantida. No superego espelham-se não só os pais do indivíduo, como a sua sociedade, com as exigências desta também." (Idem, p. 435.)

sempre produto exclusivo da Razão fosse, mas, sim, intertextualizada levando em conta, inclusive, fatores que navegam para além da racionalidade *egóico-cartesiana*. A dialética dos conteúdos inconscientes, por sua própria característica, tensiona a racionalidade judicial, introduzindo, sob a frieza da lógica, componentes visivelmente emocionais em meio ao ranço moralista típico e agregando, à mesma, fatores das mais variadas ordens.[238]

Como vimos destacando, toda vez que se profere uma decisão, especialmente quando se trata de crime sexual, é inevitável que a experiência do intérprete e suas opiniões interfiram no resultado final. A respeito da linguagem e sua interpretação, influenciada pelo consciente e pelo inconsciente, destaca-se:

> É indiscutível que o mundo pode ser sem os homens, e que vai existir sem eles. Isso está implícito na concepção de sentido, em que vive qualquer visão de mundo estruturada humanamente e dentro da linguagem. Em cada visão de mundo está implícito o ser-em-si do mundo. Ela representa a totalidade a que se refere a experiência esquematizada na linguagem. A multiplicidade dessas visões de mundo não significa relativização do "mundo". Ao contrário, aquilo que o próprio mundo é não é nada distinto das visões em que ele se apresenta.[239]

> Nem a consciência do intérprete é dona do que chega a ele como palavra da tradição, nem se pode descrever adequadamente o que tem lugar aqui, como se fosse o conhecimento progressivo daquilo que é, de maneira que um intelecto infinito conteria tudo o que pudesse chegar a falar a partir do conjunto da tradição. Visto a partir do intérprete, o acontecer significa que não é ele que, como conhecedor, busca seu objetivo e "extrai" com meios metodológicos o que realmente se quis dizer e tal como realmente era, mesmo que levemente impedido e obscurecido pelos próprios preconceitos. Isso não é mais que um aspecto exterior do verdadeiro acontecer hermenêutico.[240]

O acontecer hermenêutico se dá no inconsciente; parte de um conhecimento agregado, com todas as pré-concepções a ele inerentes. Por

---

238 DIVAN, Gabriel Antinolfi. *Decisão judicial nos crimes sexuais: o julgador e o réu interior*. Porto Alegre: Livraria do Advogado, 2010, p. 146.
239 GADAMER, H.G. *Op. cit.*, p. 577.
240 Idem, p. 595.

mais que se queira, é uma operação que se pode minimizar, mas jamais suprimir. É por esse motivo que, especialmente em casos ligados a crimes sexuais, mostra-se imprescindível tomar muito cuidado para não se deixar influenciar (em excesso, claro, tendo em vista que a influência em si é inevitável) por questões ligadas à moral, aos desejos reprimidos, à pressão exercida pela sociedade em geral e outros fatores que não estejam diretamente ligados ao caso (abstrato ou concreto).

3.3 Conservadorismo x feminismo

O Poder Judiciário tem papel de extrema relevância no Estado Democrático de Direito; no âmbito do direito penal, é responsável pela criminalização secundária, devendo visar sempre à proteção da dignidade da pessoa humana, como vimos tentando demonstrar no decorrer deste trabalho. Nesse sentido:

> Se a justiça consiste em sua essência, como ressaltaram os antigos, em reconhecer a todos e a cada um dos homens o que lhes é devido, esse princípio traduz-se, logicamente, no dever de integral e escrupuloso respeito àquilo que, sendo comum a todos os humanos, distingue-os radicalmente das demais espécies de seres vivos: a sua transcendente dignidade.
> Os direitos humanos em sua totalidade — não só os direitos civis e políticos, mas também os econômicos, sociais e culturais; não apenas os direitos dos povos, mas ainda os de toda a humanidade, compreendida hoje como novo sujeito de direitos no plano mundial — representam a cristalização do supremo princípio da dignidade humana.[241]

Todavia, muito embora a criminalização secundária venha ganhando cada vez mais relevância (em muitos casos, mais do que o devido e o permitido), ainda não se mostrou totalmente capaz de superar o pensamento conservador consagrado pelo legislador brasileiro, tema que ainda abordaremos com mais atenção. Como esclarece Renato de Mello Jorge Silveira:

> A importância assumida por secção da criminalização secundária

---

241 COMPARATO, F. K. *Op. cit.*, p. 623.

é de inegável destaque. Ela acaba por se mostrar como uma espécie considerável de política criminal — política criminal judicial, papel fundante do que Zaffaroni entende por "agências judiciais", partes que são das "agências do sistema penal" atuantes, em papel secundário, no campo decisório. Mesmo que se entenda que sua autonomia é baseada na dependência, ou não, das estruturas das "agências políticas" e que exista, em tais casos, uma natural tendência de exclusão de uma visão crítica, o papel a ser desempenhado pelo Judiciário no dizer da lei é significativo, porém não necessariamente capaz de suplantar o conservacionismo na legislação penal.[242]

Assim, na seara dos crimes sexuais, o problema do conservadorismo e dos preconceitos inerentes a uma sociedade machista e hipócrita[243] se mostra ainda mais evidente:

> E, na temática sexual, o problema parece exposto de forma mais frágil. A lida com a circulação do imaginário e do desejo sexuais é delicada e geradora de controvérsias, dado o fato de que, como pondera Almeida, a luxúria é *"pecado da carne e da paixão"*, opositora, por ex-

---

242 SILVEIRA, R. M. J. *Op. cit.*, p. 39.
243 Apesar dos supostos avanços observados na nossa sociedade, ainda existem muitos tabus e preconceitos necessários apenas à manutenção de imagem absolutamente racional (irreal). A esse respeito, destacam-se os seguintes comentários acerca da masturbação: a descarga genital da masturbação, cuja valência psicológica varia nesta conformidade, pode servir como descarga de desejos sexuais de qualquer tipo. Temores ou sentimentos de culpa variam com aquela valência. É compreensível que as crianças cuja masturbação os adultos proíbem desenvolvam temores e sentimentos e culpa que giram em volta desta atividade como tal; é até compreensível que, de acordo com falsas interpretações anímísticas, elas esperem castigos fantásticos como a castração; mas a análise mostra que temores e sentimentos de culpa se relacionam, a bem dizer, com as fantasias que acompanham o ato de masturbar-se. Na fase fálica, estas fantasias, via de regra, exprimem de modo mais ou menos direto o complexo de Édipo (a discutir-se adiante). Na adolescência e na vida adulta, é frequente ver que não só temores e sentimentos de culpa ainda se ligam à masturbação, mas existe até resistência clara da parte dos pacientes a que os esclareçamos sobre a natureza inócua da masturbação. Parecem ter qualquer interesse inconsciente em acreditar que a masturbação seja uma coisa horrível. Em geral, mostra a análise que um sentimento de culpa originado nas tendências do complexo de Édipo foi deslocado para a atividade que serve de descarga a estas fantasias inconscientes (porque as fantasias masturbatórias conscientes são derivativo distorcido de fantasias edipianas inconscientes); este deslocamento serve de salvaguarda à repressão do complexo de Édipo. Se tivessem de acreditar que a masturbação como tal é inócua, os pacientes não se livrariam do sentimento de culpa, mas teriam de procurar-lhe a origem e talvez se tornassem conscientes do que é reprimido, de modo que preferem sentir-se culpados (porque se masturbam). Claro, a masturbação é patológica em duas condições: (a) sempre que um adulto a prefere ao contato sexual; (b) quando se pratica não ocasionalmente para o fim de aliviar uma tensão sexual, mas a intervalos frequentes a ponto de revelar disfunção relacionada com a capacidade de satisfação sexual. (FENICHEL, O. *Op. cit.*, p. 68.)

celência, da Razão, e assim são seus temas correlatos: atrelados, muitas vezes, a uma (i)racionalidade que não aquela, *egóica*.

(...)

Um conflito eminentemente interno (do julgador) pode ganhar contornos em meio à decisão judicial, dado o fato de que (mesmo que de forma imperceptível à primeira vista) sobre o *decisum* operam "conceitos, tendências, preconceitos, substratos culturais" e outros elementos que atuam *sobre* o julgador e por ele são, até mesmo, *produzidos*.[244]

Mesmo diante do crescimento da esquerda, que tenderia a minimizar a intervenção penal, o conservadorismo tem preponderado na interpretação do Direito. Bem a propósito:

Atualmente, mesmo com o ganho terreno de partidos de esquerda e com a ascensão de camadas populares ao poder, é de se perceber que o relevo do pensamento conservador ainda se mostra relativamente imutável, ao menos em termos penais. Nota-se claramente, assim, uma aparente inversão básica no ciclo comum de alteração na interpretação do Direito, já que, normalmente, as forças ditas de direita pregam uma atitude de incremento da segurança através de uma pressão punitiva maior, enquanto que, de outro lado, as vertentes entendidas como de esquerda sustentam o contrário, vale dizer, uma minimalização dessa intervenção.[245]

Na temática sexual, diante do pudor, do repúdio e dos preconceitos incutidos na cultura brasileira, de forma mais forte ou não a depender da região, da classe social, da crença religiosa e de outros fatores, é ainda mais difícil manter a imparcialidade do julgador (que já se vê tolhida nos julgamentos de outros temas):

Podemos arriscar dizer que a demonização, em se tratando de casos de crimes contra a liberdade sexual, é expediente de fácil e corriqueira verificação: seja, de fato, culpado ou inocente, o acusado traz consigo uma imensa propensão que age como o *gancho projetivo*. A ele vão imputadas condutas que causam repúdio e ódio na mesma proporção que excitação e fascínio. O ser humano possui um lado escuro e destrutivo que é muitas vezes espelhado pela sua sexualidade. E questões atinentes à sexualidade, ao sexo, ao pudor, não são expe-

---

244 DIVAN, G. A. *Op. cit.*, p. 141.
245 SILVEIRA, R. M. J. *Op. cit.*, p. 38.

rimentadas pelo julgador com a frieza (ou com a substancial frieza) legada a outras.[246]

O conservadorismo e a hipocrisia inerentes ao tema são perceptíveis até mesmo pelo título em que se inserem os tipos penais em discussão. Até o advento da Lei n° 12.015, em 2009, o Título VI da Parte Especial do Código Penal se denominava "Crime contra os Costumes", ou seja, abrangia ações que feriam a *moral média* da sociedade. A nova redação prevê "Crimes contra a Dignidade Sexual", o que se mostra apenas um pouco menos inadequado, tendo em vista que agora se protege expressamente a vítima que tem sua dignidade sexual ferida — não mais a sociedade, ao ver seus *costumes* desrespeitados. Contudo, questiona-se o motivo pelo qual tais crimes não constam do rol do Título I — "Crimes contra a Pessoa". Em que ponto tais atos diferem das lesões corporais ou da privação de liberdade da vítima?

Não encontramos resposta para a questão mencionada, o que é grave, especialmente tendo em vista a necessidade de sempre se esclarecer o bem jurídico tutelado, a fim de que não ocorra uma "*bricolage* de significantes".[247]

A noção sociológica tem grande relevância no estudo dos crimes sexuais, considerando-se que a compreensão de gênero (não só para a mulher, mas também para os homossexuais, bissexuais etc.) já remete a uma relação social previamente constituída, sempre incluindo o legislador e o julgador dentro de um grupo ou fora dele, o que faz com que suas decisões costumem favorecer o gênero ao qual pertença.

Percebe-se facilmente a veracidade de tal afirmação ao se constatar a frequente impunidade de homens que possuem influência (econômica, social ou de outro cunho) na sociedade em que foi cometido o crime e, portanto, realizado o julgamento, especialmente por não existir nenhuma hipótese de *desaforamento* fora do rol dos crimes contra a vida. Nesse sentido:

> A seletividade negativa permite, talvez até mais do que a positiva, que se vislumbre a função real do sistema da justiça punitiva para

---

246 DIVAN, G. A. P. *Op. cit.,* , p. 155.
247 MORAIS DA ROSA. Alexandre. *Decisão Penal: a bricolage de significantes*. Rio de Janeiro: Lumen Juris, 2006.

a reprodução da realidade social. Os processos de imunização constituem a interface negativa dos processos de criminalização. No que tange à esfera pública, os mecanismos de imunização de que gozam os homens de posição econômica e social elevadas viram-se largamente estudados internamente às correntes críticas ou progressistas da criminologia e da sociologia da justiça criminal. No que diz respeito à esfera privada, principalmente a criminologia feminista analisou a imunidade penal de que usufruem todos os homens, independentemente das suas posições sociais, enquanto detentores do poder patriarcal.[248]

Isso, porque, usando expressão de Lenio Luiz Streck, construiu-se no Brasil um *apartheid* jurídico e social,[249] fortalecido pela influência de uma mídia bastante limitada em termos de conteúdo e muito abrangente quanto ao seu alcance. A respeito da repercussão das informações fornecidas pelos meios de comunicação (especialmente os noticiários televisionados), destaca-se:

> A presença colonizadora dos meios de comunicação de massa é fator importante para a manutenção de um imaginário discriminador, no interior do qual a honra da mulher, por exemplo, é tida como uma extensão da honra masculina.[250]

Carla Marrone Alimena salienta que não se tem conhecimento de sociedade em que não houvesse algum tabu relacionado à interação entre homem e mulher, conforme o seguinte excerto:

> Considerando que não há registro da existência de sociedades em que crenças e instituições relacionadas à interação homem-mulher não fossem de caráter fundamental, pertencendo à identidade da própria sociedade e dos indivíduos, inserindo-se no plano simbólico e, constantemente, adquirindo, na superfície, aparência de fixidez, é possível dizer que a indagação a respeito da relação homem-mulher é um *elemento de permanência no meio da mudança histórica.*[251]

---

248 BARATTA, Alessandro. In: ANDRADE, Vera Regina Pereira de; BARATTA, Alessandro; STRECK, Lênio Luiz. *Criminologia e feminismo.* Porto Alegre: Sulina, 1999, p. 53.
249 Idem STRECK, Lenio Luiz, p. 91.
250 Ibidem, p. 92.
251 ALIMENA, Carla Marrone. *A Tentativa do (Im)Possível: Feminismos e Criminologias.* Rio de Janeiro: Lumen Juris, 2010, p. 5.

Sendo assim, não obstante tenha havido considerável evolução, sociológica e juridicamente falando — conferindo-se o mérito em grande parte à Criminologia Crítica, que questionou a estrutura de classes e o controle político-estatal —, pouco se fez quanto ao exercício de controle sobre as mulheres. Justamente por isso são tão comuns decisões aplicando o preceito "*in dubio pro stereotypo*".[252]

À mulher, desde pequena, é atribuída a função de mãe e esposa, não lhe sendo permitido levar uma vida social e sexual como a do homem (heterossexual, por certo). Há a exigência implícita de que, ao menos, mantenha a aparência de *honestidade* e *pureza* (*castidade* e *monogamia*). Ou seja, "(...) à mulher cabe reconhecimento e respeito muito menos pelo fato de ser pessoa, sujeito de direitos, do que por seu enquadramento na moldura de comportamentos e atitudes que a sociedade tradicionalmente lhe atribui".[253]

Assim, com bastante frequência, "os discursos dos operadores do Direito — membros da Magistratura, do Ministério Público da Advocacia e Delegados de Polícia — apresentam estereótipos, preconceitos e discriminações em relação às mulheres".[254]

Nesse diapasão:

> Um exemplo de estudo brasileiro abrangendo concepções semelhantes acerca das mulheres, relacionando-as com a criminalidade é "Os delictos contra a honra da mulher" do Desembargador Francisco José Viveiros de Castro, cuja segunda edição foi publicada em 1932. Por meio dessa obra, percebe-se a proteção penal dada à sexualidade das "mulheres honestas" — tímidas e ingênuas. Vê-se a influência na justiça criminal de concepções polarizadas sobre as mulheres divididas entre Marias e Evas: de um lado a perigosa, que deve ser severamente educada, a fim de cultivar sentimentos morais e a noção do dever; de outro a pura, virgem e maternal ao mesmo tempo, merecedora da proteção do pai-estado, contra os crimes de sedução, defloramento rapto e estupro.[255]

---

252 PANDJIARJIAN, Valéria; PIMENTEL, Silvia; SCHRITZMEYER, Ana Lúcia P. *Estupro: crime ou "cortesia"? Abordagem sociojurídica de gênero*. Porto Alegre: Sergio Antonio Fabris Editor, 1998, p. 19.
253 Idem, pp. 22-24.
254 Ibidem, p. 205.
255 ALIMENA, C. M. *Op. cit.*, pp. 41-42.

A obra de Valéria Pandjiarjian, Silvia Pimentel e Ana Lúcia Schritzmeyer se inicia com a citação de uma *memorável* decisão do Tribunal de Justiça do Rio de Janeiro em que se considerou o estupro uma cortesia, tendo em vista que se tratava de uma falsa virgem, não de mulher *honesta*. Vejamos:

> "Será justo, então, o réu Fernando Cortez, primário, trabalhador, sofrer pena enorme e ter a vida estragada por causa de um fato sem consequências, oriundo de uma falsa virgem? Afinal de contas, esta vítima, amorosa com outros rapazes, vai continuar a sê-lo. Com Cortez, assediou-o até se entregar (fls.) e o que, em retribuição lhe fez Cortez, uma cortesia..." TJRJ, 10.12.74, RT481/ 403.[256]

O sistema penal brasileiro já é bastante questionado pela população, seja no aspecto da elaboração de leis (em que se costuma exigir, sem maiores conhecimentos, a edição de leis mais severas, como se fossem a solução para a criminalidade), seja com relação à descrença quanto ao Poder Judiciário. Trata-se, pois, de uma grave crise de legitimidade do sistema,[257] que se estende também aos crimes que têm mulheres como vítimas. Nesse caso, a violência tende a ser duplicada: a primeira, sofrida com a consumação do crime; e a segunda, com as mazelas do processo, como esclarece Vera Regina Pereira de Andrade:

> (...) o sistema penal, salvo situações contingentes e excepcionais, não apenas é um meio ineficaz para a proteção das mulheres contra a violência (e eu falo aqui particularmente da violência sexual, que é o tema da minha investigação), como também duplica a violência exercida contra elas e as divide, sendo uma estratégia excludente, que afeta a própria unidade do movimento (é óbvio que teria que fundamentar isto, mas só vou poder aqui enunciar esta hipótese). Isto porque se trata de um sub-sistema de controle social, seletivo e desigual, tanto de homens como de mulheres e porque é, ele próprio, um sistema de

---

256 PANDJIARJIAN, V.; PIMENTEL, S.; SCHRITZMEYER, A. L. P. *Op. cit.*, p. 19.
257 "[...] nós vivemos no Brasil uma profunda e grave crise de legitimidade do sistema penal. Devo dizer que por sistema penal entendo o conjunto das agências que exercem o controle da criminalidade ou o controle penal (lei – polícia – Ministério Público – Justiça – sistema penitenciário). Aliás, é o sistema penitenciário que nos dá os sintomas mais visíveis dessa crise, o que tem conduzido a uma reincidente e equivocada redução da crise do sistema penal como um todo à crise (sub)sistema penitenciário." (ANDRADE, Vera Regina Pereira de. In: ANDRADE, V. R. P.; BARATTA, A.; STRECK, L. L. *Op. cit.*, p. 106.)

violência institucional, que exerce seu poder e seu impacto também sobre as vítimas. E, ao incidir sobre a vítima mulher a sua complexa fenomenologia de controle social (Lei, polícia, Ministério Público, Justiça, prisão), que representa, por sua vez, a culminação de um processo de controle que certamente inicia na família, o sistema penal duplica, em vez de proteger, a vitimação feminina, pois, além da violência sexual representada por diversas condutas masculinas (como estupros, atentados violentos ao pudor, assédio, etc.), a mulher torna-se vítima da violência institucional plurifacetada do sistema, que expressa a reproduz, por sua vez, dois grandes tipos de violência estrutural da sociedade: a violência estrutural das relações sociais capitalistas (que é a desigualdade de classes) e a violência das relações patriarcais (traduzidas na desigualdade de gênero), recriando os estereótipos inerentes a estas duas formas de desigualdade — o que é particularmente visível no campo da moral sexual.[258]

Não devemos ignorar que não houve inércia, diante de todas as injustiças constatadas no decorrer da história com base em distinções de gênero, reconstituindo-se uma criminologia feminista, como argumenta Alessandro Baratta:

> (...) as posições mais avançadas da teoria e da política feminista permitiram a reconstituição exatamente na ótica do gênero, de uma concepção unitária da justiça e do desenvolvimento humano que nos possibilite reconhecer que as distorções do desenvolvimento econômico no capitalismo globalizado, a violência masculina contra mulheres e crianças, o racismo e o neocolonialismo são aspectos estreitamente complementares de uma mesma desumanidade, e que, para combatê-la, a condição epistemológica necessária consiste na reunificação daquilo que foi violentamente separado no próprio conceito de ser humano.[259]

A modernidade é a maior responsável por integrar à sociedade a heterogeneidade sexual legitimada pelo conhecimento. Carla Marrone Alimena destaca o Estado como controlador da poluição sexual:

> A modernidade teria sido iniciadora de heterogeneidades sexu-

---

258 Idem, pp. 112-113.
259 BARATTA, Alessandro. In: ANDRADE, V. R. P.; BARATTA, A.; STRECK, L. L. *Op. cit.*, pp. 63-64.

ais criadas e/ou legitimadas (rotuladas) pelo conhecimento. O Estado seria o garantidor da adequação às regras, a 'natural' *ordem das coisas e dos seres*, excluindo e controlando a poluição sexual, por meio de instrumentos jurídico-normativos.[260]

Para compreender o que se considera poluição sexual dentro do contexto sócio-jurídico, segue lição da própria autora:

> Quanto mais florescem noções de poluição sexual (que é sempre poluição corporal) numa sociedade, mais dificuldade haverá de delimitar fronteiras entre pureza e impureza. Se tais limites não são claros, é preciso a todo custo se (re)construir a ordem, exagerar na diferença, para mantê-la íntegra e impermeável. Contudo, o corpo nunca pode ser completamente livre de contaminações. Exigir que fosse absolutamente impermeável o tornaria estéril, isolado do contato com outros corpos. (...) Os excedentes das classificações não desaparecem em razão de noções de poluição sexual, ao contrário, quanto mais regras, mais desvios florescerão. A ordem não existe sem a desordem e vice--versa.[261]

Completando, com Mary Douglas:

> O derradeiro paradoxo da busca da pureza é ser uma tentativa de coagir a experiência a rimar com as categorias lógicas da não-contradição. Mas a experiência não se presta a tanto e aqueles que a isso se arriscam, entram, eles próprios, em contradição.[262]

Até o presente momento, vem-se falando da mulher como vítima quase exclusiva de crimes sexuais, com todas as suas implicações, desde o movimento hipócrita e machista até a resposta feminista, que ainda vê em sua defesa um sistema penal vacilante. Muito embora seja discussão de extrema relevância, é necessário ampliar os horizontes deste trabalho, levando em consideração que há inúmeras outras questões de gênero responsáveis por (des)criminalizações indevidas, legitimando um sistema falido.

---

260 ALIMENA, C. M. *Op. cit.*, p. 164.
261 Idem, p. 161.
262 DOUGLAS, Mary. *Pureza e Perigo. Ensaio sobre as noções de Poluição e Tabu.* Lisboa: Edições 70, 1991, p. 118.

3.4 Um sistema inerte e acomodado

Acerca da falência de um sistema legitimado por criminalizações e descriminalizações baseadas em questões de gênero, cuja contestação parece ser tão proibida quanto as relações íntimas pré-conjugais até não muito tempo atrás (para as mulheres, claro), Carla Marrone Alimena argumenta:

> Buscar compreender o processo de formação dos perigos de gênero, da negação do abjeto, como afirma Judith Butler, pode ser um recurso crítico para re-articular os termos da legitimidade simbólica e da inteligibilidade dos significados da poluição sexual nas sociedades contemporâneas. Se os sujeitos nunca são fixos, se as fronteiras entre o puro e o perigoso são mutantes, precisando ser sempre reiteradas (*re-injetas*) no tempo — e assim nunca mantendo o exato mesmo significado — é preciso 'revelar' a fantasia da *performance*, deixando visível [*sic*] as próprias normas que materializam os corpos.[263]

Para o operador do Direito, muitas vezes, pode ser mais conveniente se abster de pensar, analisar o caso sem ir a fundo na problemática, atendo-se apenas ao burocrático:

> (...) os operadores do Direito, na sua maioria, captam a realidade, negligenciando a percepção de sua complexa problemática. Protegem-se, dessa maneira, dos riscos de um confronto com as profundas contradições sociais que permeiam as lides nas quais lhes competem atuar. Priorizam o burocrático em detrimento do existencial. Não há dúvida que encaminhar manifestações e decisões conformes os clichês e lugares comuns sociais (*topoi*) é muito mais cômodo e menos arriscado do que ousar criativamente, a partir da elaboração do pensamento sobre percepções agudas da realidade. Ainda mais quando o sistema burocrático a que servem exige muito mais a solução formal dos litígios do que a busca "exaustiva" do pensamento, que leve a uma decisão inspirada pela prudência, equidade e justiça material.[264]

Em toda decisão judicial que analisa a prática de um crime sexual, insere-se a vítima, sem que haja necessidade, em um determinado

---

263 ALIMENA, C. M. *Op. cit.*, pp. 191-192.
264 PANDJIARJIAN, V.; PIMENTEL, S.; SCHRITZMEYER, A. L. P. *Op. cit.*, p. 32.

contexto, analisando seu comportamento, mesmo que seja para facilitar a condenação do acusado. Tal prática é mais uma forma de trazer sofrimento à vítima, que tem sua vida social e sexual analisada para que admita ter sido de fato sujeito passivo de um crime. Isso, porque, de certa forma, talvez inconscientemente, não se admite, por exemplo, a prática do crime de estupro pelo namorado contra a namorada que com ele já mantinha relações sexuais, assim como manter relações forçadas com uma prostituta poderia caracterizar furto, até mesmo roubo, caracterizada a violência, mas não estupro.

No que concerne à análise do comportamento da vítima, extrai-se da obra *Estupro: crime ou cortesia?*:

> É interessante verificar o contexto (desnecessário) em que o juiz configura o comportamento da vítima, ainda que para "justificar" seus argumentos na linha da condenação do acusado. Isso nos revela que, até mesmo para condenar um agressor por violação de estupro, os operadores do Direito, por vezes, lançam mão — é provável que inconscientemente — de expedientes que acabam por reforçar o estereótipo das vítimas de estupro, qual seja, o de meninas boas, puras, santas, recatadas...[265]

Já no que atine à influência dos estereótipos, seja de que tipo forem, na realização da justiça, percebe-se que não apenas a vida pregressa do réu é analisada em julgamentos desse cunho, mas especialmente a da vítima:

> Estereótipo, preconceitos e discriminações contra os homens tanto quanto em relação às mulheres interferem negativamente na realização da Justiça. Entretanto, há evidências de que o impacto negativo desse tipo de viés recai de maneira mais intensa e frequente sobre as mulheres. Estereótipos, preconceitos e discriminações de gênero estão presentes na nossa cultura e profundamente inculcados nas (in)consciências dos indivíduos; são, portanto, absorvidos também pelos operadores do Direito e refletidos em sua praxis jurídica. Essa absorção, por vezes, implica em uma verdadeira "inversão de atores" nos processos, vale dizer, através dos discursos proferidos pelos operadores do Direito, vítimas transformam-se em réus e *vice-versa*. A mensagem veiculada por esses agentes, muitas vezes, reforça a ideia de que o estu-

---

265 Idem, p. 93.

pro é crime em que a vítima tem que provar que não é culpada e que, portanto, não concorreu para a ocorrência do delito.

(...)

Réus e vítimas têm seus comportamentos referentes à sua vida pregressa julgados durante o processo, em conformidade com os papéis tradicionalmente determinados a homens e a mulheres. Quando a estas últimas, na prática, há uma exigência de que as vítimas se enquadrem no conceito jurídico [não mais] de "mulher honesta", apesar de não haver previsão legal para tanto. Prevalece, pois, o julgamento moral da vítima em detrimento de um exame mais racional e objetivo dos fatos.[266]

Levando-se em consideração a provação pela qual passa uma vítima de crime sexual simplesmente para fazer com que seus direitos (fundamentais, garantidos na Constituição e na legislação extravagante) sejam respeitados por terceiros e garantidos pelo Estado, não era de todo desarrazoado o dispositivo do Código Penal em sua antiga redação, que previa Ação Penal Privada (artigo 225).

Na realidade, diante da gravidade do crime cometido contra a pessoa (ou sua dignidade sexual, como se preferir), não se pode defender a mantença dessa redação. O que estamos questionando é a postura dos operadores de Direito ao exporem mais uma vez a vítima ao sofrimento, motivo pelo qual a previsão de disponibilidade da ação penal se mostrava uma solução atraente.

3.5 Código Penal: atual redação

Sabemos que o Código Penal e o Estatuto da Criança e do Adolescente sofreram reformas recentes no que diz respeito aos crimes sexuais (destaquem-se as Leis n° 11.106/ 05 e 11.205/ 09). Todavia, ainda é possível perceber situações previstas na legislação brasileira que destoam da realidade social e dos princípios de direito penal (*ultima ratio*). Há, ainda, decisões judiciais cujo teor também se mostra incompatível com o dever estatal de proteger os direitos fundamentais dos cidadãos, tema acerca do qual já discorremos.

---

266 Ibidem, p. 203.

A primeira modificação que deve ser mencionada veio atender a uma antiga crítica doutrinária e diz respeito ao bem jurídico tutelado. Antes da reforma, tratava de crimes contra os "costumes", expressão substituída por "dignidade sexual" (Título VI do Código Penal), mais adequada à atual realidade, mas não ainda o suficiente. O antigo título tutelava a moral social sob o ponto de vista sexual, reprimindo as condutas que afetassem a *moral média* da sociedade. Com o advento da nova lei, o objeto jurídico passou a ser a dignidade da pessoa humana no que concerne à sexualidade, adaptando-se inclusive à Constituição Federal de 1988, mas se perdeu a oportunidade de incluir os crimes sexuais no Título I da Parte Especial, que trata dos crimes contra a pessoa. Já falamos a esse respeito, mas nosso objetivo é enfatizar a distinção que não só o legislador, mas também a doutrina faz com relação ao tema. Vejamos:

> *Dignidade* fornece a noção de decência, compostura, respeitabilidade, enfim, algo vinculado à honra. A sua associação ao termo *sexual* insere-a no contexto dos atos tendentes à satisfação da sensualidade ou da volúpia. Considerando-se o direito à intimidade, à vida privada e à honra, constitucionalmente assegurados (art. 5º, X, CF), além do que a atividade sexual é, não somente um prazer material, mas uma necessidade fisiológica para muitos, possui pertinência a tutela penal da dignidade sexual. Em outros termos, busca-se proteger a respeitabilidade do ser humano em matéria sexual, garantindo-lhe a liberdade de escolha e opção nesse cenário, sem qualquer forma de exploração, especialmente quando envolver formas de violência.[267]

Não é possível tratar de todas as reformas promovidas na legislação penal, devendo-se dar prioridade aos temas de maior relevância e pertinência. No entanto, é imprescindível destacar que as reformas são resultado da mudança de convicções de uma sociedade, como salienta Claus Roxin ao tratar da mudança na legislação alemã de 1973:

> A reforma do Direito Penal no âmbito sexual, concluída no ano de 1973, levou a doutrina do bem jurídico ao ponto culminante de seu reconhecimento na Alemanha, ainda que isto seja negado por alguns

---

267 NUCCI, Guilherme de Souza. *Crimes contra a dignidade sexual: comentários à lei 12.015, de 7 de agosto de 2009.* São Paulo: Editora Revista dos Tribunais, 2009, p. 14.

dos adversários da teoria do bem jurídico com a afirmação de que a punibilidade da homossexualidade entre adultos se suprimiu, não porque um comportamento semelhante não lesione os bens jurídicos de alguém, mas porque as convicções mudaram, e este comportamento já não se considerou como imoral. Com efeito, a homossexualidade é considerada hoje na Alemanha como uma forma especial, eticamente neutra, de orientação sexual. Entretanto, isso foi, em grande parte, a consequência da despenalização, e não sua causa; poucos anos antes da supressão da punibilidade, o projeto governamental para o novo Código Penal no ano de 1962 qualificou a homossexualidade como um "comportamento ético especialmente reprovável e ignominioso segundo a convicção geral".[268]

Diante disso, salientamos que as críticas que estão sendo feitas à criminalização de determinadas condutas (seja pelo legislador, seja pela interpretação realizada pelo magistrado) se estendem a toda a sociedade, que deve se conscientizar da necessidade de promover mudanças substanciais nos (pre)conceitos ligados à sexualidade.

3.6 Excesso de proibição

Dentre os vários dispositivos que se mostram desproporcionais na legislação penal brasileira, excedendo o limite da proibição, optamos por abordar aqueles que exemplificam de forma mais clara a falta de distinção entre Moral e Direito, especialmente na esfera dos crimes sexuais. O Estado intervém, assim, em relações que de fato não lhe são pertinentes, ferindo os princípios do Direito Penal e desrespeitando os direitos fundamentais dos cidadãos.

3.6.1 Artigos 240 e 241-B do Estatuto da Criança e do Adolescente

A Lei nº 11.829/ 2008 conferiu a seguinte redação ao Estatuto da Criança e do Adolescente:

---

268 ROXIN, Claus. *A proteção dos bens jurídicos como função do Direito Penal.* Porto Alegre: Livraria do Advogado, 2009, p. 13.

Art. 240. Produzir, reproduzir, dirigir, *fotografar, filmar ou registrar, por qualquer meio, cena de sexo explícito ou pornográfica, envolvendo* criança ou *adolescente*:

Pena — reclusão, de 4 (quatro) a 8 (oito) anos, e multa.

§ 1º Incorre nas mesmas penas quem agencia, facilita, recruta, coage, ou de qualquer modo intermedeia a participação de criança ou adolescente nas cenas referidas no caput deste artigo, ou ainda quem com esses contracena.

§ 2º Aumenta-se a pena de 1/3 (um terço) se o agente comete o crime:

I – no exercício de cargo ou função pública ou a pretexto de exercê-la;

II – prevalecendo-se de relações domésticas, de coabitação ou de hospitalidade; ou

III – prevalecendo-se de relações de parentesco consanguíneo ou afim até o terceiro grau, ou por adoção, de tutor, curador, preceptor, empregador da vítima ou de quem, a qualquer outro título, tenha autoridade sobre ela, ou com seu consentimento.

Art. 241-B. Adquirir, *possuir ou armazenar, por qualquer meio, fotografia, vídeo ou outra forma de registro que contenha cena de sexo explícito ou pornográfica envolvendo* criança ou *adolescente*:

Pena – reclusão, de 1 (um) a 4 (quatro) anos, e multa.

§ 1º A pena é diminuída de 1 (um) a 2/3 (dois terços) se de pequena quantidade o material a que se refere o caput deste artigo.

§ 2º Não há crime se a posse ou o armazenamento tem a finalidade de comunicar às autoridades competentes a ocorrência das condutas descritas nos arts. 240, 241, 241-A e 241-C desta Lei, quando a comunicação for feita por:

I – agente público no exercício de suas funções;

II – membro de entidade, legalmente constituída, que inclua, entre suas finalidades institucionais, o recebimento, o processamento e o encaminhamento de notícia dos crimes referidos neste parágrafo;

III – representante legal e funcionários responsáveis de provedor de acesso ou serviço prestado por meio de rede de computadores, até o recebimento do material relativo à notícia feita à autoridade policial, ao Ministério Público ou ao Poder Judiciário.

Inicialmente, é imprescindível salientar que não questionamos o inteiro teor dos artigos acima transcritos, apenas a parte grifada, por se mostrar atentatória ao princípio da proibição do excesso de proibição. O próprio Estatuto da Criança e do Adolescente esclarece o significado de sexo explícito e de cena pornográfica. Vejamos:

> Art. 241-E. Para efeito dos crimes previstos nesta Lei, a expressão "cena de sexo explícito ou pornográfica" compreende qualquer situação que envolva criança ou adolescente em atividades sexuais explícitas, reais ou simuladas, ou exibição dos órgãos genitais de uma criança ou adolescente para fins primordialmente sexuais.

Imagine-se, portanto, a seguinte situação: um casal formado por um homem de 18 (dezoito) anos e uma adolescente de 17 (dezessete). Não há qualquer vedação a que mantenham relações sexuais, mesmo porque se parte do pressuposto de que ambos têm o discernimento necessário para decidir o que desejam fazer (por esse motivo grifamos apenas a expressão adolescente dos artigos questionados, considerando que o Código Penal presume que apenas pessoa menor de quatorze anos não tem maturidade suficiente para fazer escolhas de conotação sexual).

Até então, não se vislumbra o cometimento de nenhum crime. No entanto, em um determinado dia, seminua, a adolescente resolve tirar uma foto (considerada pornográfica) e a encaminha ao namorado para que ele guarde como lembrança ou, até mesmo, pede que o namorado a fotografe. Nesse momento, fica caracterizado o crime, aparentemente bárbaro, pois, se o próprio homem tira a fotografia, a pena prevista chega a oito anos de reclusão.

É importante salientar que não falamos de crianças, nem de ato contra a vontade da adolescente. Também não se trata de divulgação da foto nem de qualquer outro ato que pudesse denegrir a imagem da vítima, bastando o mero arquivamento da fotografia ou do vídeo.

Questionamos, destarte, qual é a lesão que se visa a evitar: se o Estado almejasse proteger a adolescente de eventual *corrupção*, não permitiria que mantivesse relações sexuais ou vedaria somente a divulgação do material?

É nesse ponto que se vislumbra a Moralidade (os famigerados *costumes*) como norteadora da criminalização de condutas. Nesse sentido, extraimos da obra de Renato de Mello Jorge Silveira:

> A crucial pergunta quanto ao porquê da previsão criminal de condutas de cunho unicamente moral se responde pela própria limitação social das liberdades dos indivíduos. Diversos são os conceitos de

Moral e de Direito. Aqui é de recordar a máxima de Ráo, segundo a qual distinção não deve se confundir com isolamento, ambos com um fundamento ético comum e inerente, acabam por se completar no espaço implantado do positivismo jurídico. De se ver que o desrespeito à norma moral pode gerar um remorso (vista como sanção individual e interna) ou uma desconsideração social (sanção externa de natureza ética), a qual pode precisar, à sua eficácia, de contorno de norma jurídica, impondo-se como uma coerção material do Poder do Estado.[269]

Na seara da sexualidade, é muito fácil encontrar os ditos incorruptíveis, aqueles que não são passíveis de erros, imunes a desejos e tentações. Bem a propósito, esclarece Marie-Laure Susini:

> Dois gozos paralelos atravessam em segredo o Código: o do inquisidor, que imagina o gozo da bruxa, da mulher acasalada com o demônio. E o do inquisidor ainda, que tortura a mulher para lhe extorquir a confissão, a verdade sobre seu gozo.[270]

A eloquência do incorruptível, obcecado pela decomposição e conduzido por sua fantasia, está inchada pela invasão do imaginário e constrangida pelos estereótipos. A ação nefasta do corruptor? O corruptor rói. Já é uma imagem forte, mas não basta. A corrupção rói como um rato, um cupim, um câncer, uma lepra... O incorruptível a isso acrescenta os epítetos obrigatórios: imundo, infecto, abjeto, fétido etc. Sim, às voltas com seu ideal de virtude, bem, pureza, eternidade e pura espiritualidade, limpeza e transparência, ele se esparrama no imaginário do nojo. Debate-se nas secreções vergonhosas, nas dejeções a que reduz as funções sexuais e digestivas, ele atola no lixo. E fulmina, espuma, baba, enraivece. Enojado! O incorruptível está enojado com a obscenidade em que se compraz (por dever, é claro). O natural do pobre corpo humano, uma vez apreendido pelo imaginário do incorruptível, torna-se repugnante; as pobres e efêmeras realizações humanas, entrevistas através do imaginário do incorruptível, não são mais senão um organismo espreitado pela infecção, a presa de uma patologia purulenta. Os óculos do incorruptível dão uma visão deformada do mundo: horrivelmente corrompido![271]

---

269 SILVEIRA, R. M. J. *Op. cit.*, p. 116.
270 SUSINI, Marie-Laure. *Elogio da Corrupção: os incorruptíveis e seus corruptos*. Trad. Procópio Abreu. Rio de Janeiro: Companhia de Freud, 2010, p. 49.
271 Idem, p. 129.

É exatamente disso que tratam as partes destacadas dos artigos: crimes sem lesão a bens jurídicos, de previsões realizadas por supostos *incorruptíveis*, influenciados por uma ideia equivocada de direito e moral. Por conseguinte, os artigos 240 e 241-B do Estatuto da Criança e do Adolescente, nas partes destacadas, afiguram-se meras enunciações de incorruptibilidade, com a previsão de penas elevadas e, portanto, intervenção estatal em aspectos com relação aos quais o Estado deveria ficar inerte.

3.6.2 Artigo 215 do Código Penal

Problema semelhante se mostra presente no artigo 215 do Código Penal. A Lei nº 12.015/ 2009 alterou sua redação (há tempos criticada por doutrinadores e operadores do Direito), mas manteve o cunho moral que lhe deu origem.

Observe-se que a redação original do tipo penal em referência fazia menção à *mulher honesta*, expressão que foi suprimida através da Lei nº 11.106/ 2005:

> Posse sexual mediante fraude
> Art. 215 - Ter conjunção carnal com mulher honesta, mediante fraude:
> Art. 215. Ter conjunção carnal com mulher, mediante fraude: (Redação dada pela Lei nº 11.106, de 2005)
> Pena - reclusão, de um a três anos.
> Parágrafo único - Se o crime é praticado contra mulher virgem, menor de 18 (dezoito) e maior de 14 (catorze) anos:
> Pena - reclusão, de dois a seis anos.

A atual redação não restringe a vítima, podendo ser homem ou mulher, independentemente de se provar sua honestidade:

> Violação sexual mediante fraude
> Art. 215. Ter conjunção carnal ou praticar outro ato libidinoso com alguém, mediante fraude ou outro meio que impeça ou dificulte a livre manifestação de vontade da vítima:
> Pena - reclusão, de 2 (dois) a 6 (seis) anos.
> Parágrafo único. Se o crime é cometido com o fim de obter vanta-

gem econômica, aplica-se também multa.

O legislador substituiu o termo posse por *violação* sexual e modificou a redação a fim de incluir nova hipótese de incidência (*outro ato libidinoso*). Além disso serve para caracterizar o crime não só a fraude, mas qualquer outro meio que impeça ou dificulte a livre manifestação de vontade da vítima. Trata-se de interpretação analógica, ou seja, o *outro meio* deve ter conotação fraudulenta. Sobre o tema, Rogério Grecco esclarece que:

> O verbo *impedir* é utilizado no texto com a ideia de que foi impossibilitada a livre manifestação de vontade da vítima, que se encontrava completamente viciada em virtude da fraude ou outro meio utilizado pelo agente, a fim de conseguir praticar a conjunção carnal ou outro ato libidinoso. *Dificultar*, a seu turno, dá a ideia de que a vontade da vítima, embora viciada, não estava completamente anulada pela fraude ou outro meio utilizado pelo agente. Nesse último caso, embora ludibriada, a vítima poderia, nas circunstâncias em que se encontrava, ter descoberto o plano criminoso, mas, ainda assim, foi envolvida pelo agente.[272]

A doutrina lembra que o aplicador da norma penal deve ser extremamente cauteloso ao interpretar tal dispositivo, a fim de não enlear as figuras da "violação sexual" e do "estupro de vulnerável" (previsto no artigo 217-A). Nesse diapasão:

> Embora de rara configuração, é possível imaginar a violação sexual mediante fraude (ardil, engodo, engano). Entretanto, a inclusão da expressão "ou outro meio que impeça ou dificulte a livre manifestação de vontade da vítima" não nos parece medida acertada. Afinal, certamente, haverá confusão com o disposto no art. 217-A, § 1.º. Neste, prevê-se ser estupro de vulnerável ter conjunção carnal ou praticar outro ato libidinoso com pessoa que não tenha discernimento suficiente ou que, por qualquer causa, não possa oferecer resistência. Ora, o tipo penal do art. 215 prevê quase o mesmo: ter conjunção carnal ou praticar outro ato libidinoso mediante meio que impeça ou dificulte a livre manifestação de vontade da vítima.

---

272 GRECO, Rogério. *Adendo. Lei nº 12.015/ 2009: Dos crimes contra a dignidade sexual*. Niterói/RJ: Impetus, 2009, p. 54.

(...) Para compatibilidade os dois tipos penais, considerando-se, inclusive, a diversidade das penas, parece-nos seja a solução analisar o grau de resistência relativa ou perturbação relativa, logo, há alguma condição de haver inteligência sobre o ato sexual, embora não se possa considerar um juízo perfeito, poder-se-á cuidar da figura do art. 217-A, § 1.º. Aliás, quando a imputação disser respeito a estupro de vulnerável, com fundamento no art. 217-A, § 1.º, pode o magistrado, ao julgar, desclassificar a infração para o tipo previsto no art. 215, consistente em violação sexual mediante fraude ou outro meio, que merece ser considerado subsidiário em relação ao primeiro.[273]

A fraude utilizada na execução do crime não pode anular a capacidade de resistência da vítima, caso em que estará configurado o delito de vulnerável (art. 217-A do CP). Assim, não pratica estelionato sexual (art. 215 do CP), mas estupro de vulnerável (art. 217-A do CP), o agente que usa psicotrópicos para vencer a resistência da vítima e com ela manter a conjunção carnal.[274]

Não conseguimos, contudo, apresentar (sem recair no estupro de vulnerável) nenhum exemplo de meio fraudulento além daqueles idílicos, tratados pela doutrina: irmão gêmeo que se faz passar pelo outro ou aquele que se aproveita de homônimo famoso para conquistar sua vítima. Ora, em casos desse cunho, não se vislumbra lesão proporcional à atuação estatal. Manteve-se o dispositivo que visava assegurar a *honra da mulher honesta*, adequando-o agora a todos os gêneros, mas sem qualquer finalidade que não seja moral.

Aliás, na grande maioria dos casos, a criminalização com base no gênero (como foi a origem do tipo penal em análise) não é capaz de se manter de forma autônoma sem ferir princípios constitucionais. Nesse sentido:

Deve ser rechaçada toda a construção que se fundamente em uma descriminação positiva. Se as ações positivas podem se justificar em termos de políticas públicas e sociais, sua ingerência no Direito Penal mostra-se totalmente deletéria e desconstrutiva. Dessa forma, o Direito Penal sexual deve, a todo o custo, procurar se firmar não como um

---

273 NUCCI, G. S. *Crimes...*, *op. cit.*, pp. 28-29.
274 CUNHA, Rogério Sanches; GOMES, Luiz Flavio; MAZZUOLI, Valerio de Oliveira. *Comentários à reforma criminal de 2009 e à Convenção de Viena sobre o Direito dos Tratados*. São Paulo: Editora Revista dos Tribunais, 2009, p. 43.

Direito Penal de Gênero, mas como um Direito Penal igualitário e sem distinções personalíssimas, devendo fazer, principalmente, previsões quanto a ataques violentos à autodeterminação sexual.[275]

Diante do exposto, justifica-se a argumentação pela descriminalização de determinadas condutas — que se mostram atentatórias à moral e aos bons costumes de dada sociedade, mas não aos direitos fundamentais. No que concerne à necessidade de sopesar o tratamento penal conferido a algumas questões, destacamos:

> Inicialmente, e de todo o exposto, resta claro que devem ser afastadas quaisquer considerações de conteúdo moral presentes no Direito Penal sexual. Esvaziando-se o cabedal dos atualmente chamados crimes contra a liberdade sexual e cingindo-os a questões atinentes às práticas dadas com violência ou grave ameaça, resta ponderação ao tratamento jurídico-penal sentido em questões como as de corrupção de menores, os crimes relativos à prostituição e tráfico de pessoas e de ato obsceno e de escrito obsceno.[276]

Além dos tipos penais analisados, é possível vislumbrar vários casos no Código Penal e na legislação penal extravagante em que o Estado age além do que lhe é devido, ferindo o princípio de proibição de excesso e exercendo papel intervencionista incompatível com o Estado de Direito.

3.7 Proteção deficiente

Por outro lado, é possível detectar algumas hipóteses no ordenamento jurídico brasileiro em que o Estado se abstém de tutelar os direitos fundamentais dos cidadãos, seja pela ausência de redação penal adequada, seja pela interpretação realizada pelos operadores do direito.

3.7.1 Artigo 213 do Código Penal — tipo misto alternativo

---

275 SILVEIRA, R. M. J. *Op. cit.*, p. 386.
276 Idem, p. 365.

O primeiro exemplo que destacamos surgiu junto ao advento da Lei nº 12.015/ 2009, que alterou substancialmente a legislação no que diz respeito aos crimes sexuais, como já mencionamos. Assim, atendendo a inúmeras reivindicações, foi suprimido o tipo autônomo de atentado violento ao pudor, realocando a prática de ato libidinoso diverso da conjunção carnal no artigo 213, junto à prática de conjunção carnal:

> Estupro
> Art. 213. Constranger alguém, mediante violência ou grave ameaça, a ter conjunção carnal ou a praticar ou permitir que com ele se pratique outro ato libidinoso:
> Pena - reclusão, de 6 (seis) a 10 (dez) anos.
> § 1o Se da conduta resulta lesão corporal de natureza grave ou se a vítima é menor de 18 (dezoito) ou maior de 14 (catorze) anos:
> Pena - reclusão, de 8 (oito) a 12 (doze) anos.
> § 2o Se da conduta resulta morte:
> Pena - reclusão, de 12 (doze) a 30 (trinta) anos.

Inicialmente, é necessário esclarecer que não ocorreu *abolitio criminis* quanto à antiga figura do atentado violento ao pudor, pois foi apenas incluída em outro artigo (213), o que a doutrina denomina "continuidade normativo-típica": o que era proibido antes continua proibido na nova lei, apesar das alterações, como esclarecem Luiz Flávio Gomes e Antonio García-Pablos de Molina:

> *Revogação de lei e não ocorrência da* abolitio criminis: mas não se pode nunca confundir a mera revogação formal de uma lei penal com a *abolitio criminis*. A revogação da lei anterior é necessária para o processo da *abolitio criminis*, porém, não suficiente. Além da revogação formal impõe-se verificar se o conteúdo normativo revogado não foi (ao mesmo tempo) preservado em (ou deslocado para) outro dispositivo legal. (...) Logo, nessa hipótese, não se deu a *abolitio criminis*, porque houve uma continuidade normativo-típica (o tipo penal não desapareceu, apenas mudou de lugar). Para a *abolitio criminis*, como se vê, não basta a revogação da lei anterior, impõe-se sempre verificar se presente (ou não) a continuidade normativo-típica.[277]

---

277 GOMES, Luiz Flávio; MOLINA, Antonio García-Pablos de. *Direito Penal. v. 2. Parte Geral*. São Paulo: Editora Revista dos Tribunais, 2009, p. 100.

No mesmo sentido:

> Não houve *abolitio criminis*, mas simples revogação formal do tipo incriminador. Não podemos confundir *abolitio criminis* com mera revogação formal de uma lei penal. No primeiro caso, há revogação formal e substancial da lei, sinalizando que a intenção do legislação não é mais considerar o fato como infração penal (hipótese de supressão da figura criminosa). Já no segundo, revoga-se formalmente a lei, mas seu conteúdo (normativo) permanece criminoso, transportado para outra lei ou tipo penal (altera-se, somente, a roupagem da infração penal).[278]

Feitas essas observações, passamos ao cerne da questão: com a nova redação, o crime de estupro pode ser classificado como de ação múltipla, de conteúdo variado ou plurinuclear, pois o tipo penal parece conter mais de uma modalidade de conduta.

Antes da alteração, havia grande polêmica quanto à prática imediata dos crimes de estupro e atentado violento ao pudor: muito embora alguns doutrinadores defendessem que se tratava de crime continuado (artigo 71 do Código Penal), os Tribunais pátrios, em sua maioria, haviam adotado o entendimento de que se tratava de concurso material (artigo 69 do Código Penal), tendo em vista que se cuidava de modalidades distintas de crimes. Tal celeuma parecia encerrada com o advento da Lei nº 12.015/ 09, tendo em vista se tratar de um único tipo penal. Surgiu, contudo, outra discussão: como se deve proceder caso o agente, no mesmo contexto fático, pratique mais de uma figura prevista no artigo 213 (conjunção carnal e outro ato libidinoso)?

Inicialmente, aventaram-se duas possibilidades:

> — tratava-se de crime único e cabia ao Magistrado estabelecer a pena entre o mínimo e o máximo, levando em consideração a prática do estupro em mais de uma forma;[279]
> — caracterizava-se o crime continuado, desde que o ato libidinoso não servisse apenas de meio ou ato preparatório para a

---

278 CUNHA, R. S.; GOMES, L. F.; MAZZUOLI, V. O. *Op. cit.*, p. 95.
279 É pacífico o entendimento em relação aos tipos alternativos: a prática de uma só conduta descrita no tipo ou o cometimento de mais de um, quando expostas as práticas num mesmo cenário, mormente contra idêntica vítima, resulta na concretização de uma só infração penal. (NUCCI, G. S., *Crimes...*, *op. cit.*, p. 63.)

prática da conjunção carnal. Essa corrente partia do pressuposto de que se tratava de tipo misto cumulativo (não alternativo), caso contrário, o legislador não teria feito a distinção entre a conjunção carnal e outro tipo de ato libidinosos. Pode-se argumentar, nesse caso, que não se trata de crime de ação múltipla ou conteúdo variável, pois não se estabelece mais de um núcleo do tipo (como no caso do tráfico de drogas, previsto no artigo 33 da Lei nº 11.343/ 06), limitando-o apenas ao verbo *constranger*. O que varia é o complemento verbal, que não integra o núcleo do tipo e pode, portanto, ser duplo, ensejando a caracterização de dois crimes distintos.

O Tribunal de Justiça de Santa Catarina vinha adotando a primeira corrente mencionada e reconhecendo a ocorrência de crime único, adequando de ofício a pena imposta ao agente que praticara os crimes de estupro e atentado violento ao pudor sob a égide da antiga redação do Código Penal. Vejamos:

> *Apelação criminal — estupro e atentado violento ao pudor praticados sucessivamente contra a mesma vítima — materialidade e autoria delitivas comprovadas — almejado reconhecimento da continuidade delitiva no lugar do concurso material — discussão superada com o advento da Lei n. 12.015/ 2009, que conferiu novo enquadramento legal ao crime de estupro (CP, art. 213) — agente que pratica crime único, por meio de ação múltipla — retroatividade da norma penal benéfica (art. 2º, parágrafo único, do CP) — alegação de ofensa ao art. 226 do CPP — reconhecimento do réu sem as formalidades legais — mera irregularidade incapaz de gerar prejuízo — ventilada nulidade da prova, por ausência de mandado de busca e apreensão — determinação desnecessária — entrega voluntária dos objetos à polícia — alteração do regime prisional inicial para semiaberto — vedação legal do art. 2º, § 1º, da Lei n. 8.072/ 90 — recurso não provido — crime único reconhecido de ofício, com adequação da reprimenda.*[280]

Do corpo do acórdão, extrai-se:

> De fato, o réu praticou atos distintos e sucessivos contra a mesma

---

280 Tribunal de Justiça de Santa Catarina. Apelação Criminal nº 2009.038539-0, Relator Desembargador Moacyr de Moraes Lima Filho, julgado em 18/08/2009.

vítima: o primeiro consistiu no ato da penetração, ocorrendo o constrangimento à conjunção carnal; o segundo, atos libidinosos, em que o acusado obrigou a ofendida a praticar sexo anal e oral.

Ocorre que a Lei n. 12.015, em vigor desde o dia 7 de agosto de 2009, pôs fim à antiga distinção doutrinária e jurisprudencial entre os crimes de estupro e atentado violento ao pudor, prejudicando os debates sobre a incidência do concurso material ou continuidade delitiva. Isso porque as elementares do já revogado art. 214 do Código Penal foram incluídas na nova tipificação do crime de estupro, conforme se observa da redação dada ao art. 213 do Código Penal:

"Art. 213 - Constranger alguém, mediante violência ou grave ameaça, a ter conjunção carnal ou a praticar ou permitir que com ele se pratique outro ato libidinoso:

Pena - reclusão, de 6 (seis) a 10 (dez) anos"

Da simples leitura do dispositivo transcrito, verifica-se que o delito de estupro passou a ser de ação múltipla e conteúdo variado, pois apresenta várias formas de violação do mesmo objeto jurídico — a liberdade sexual. Assim, mesmo que o agente pratique, no mesmo contexto fático e sucessivamente, mais de uma ação típica — como na hipótese de conjunção carnal seguida de sexo anal ou oral —, por força do princípio da alternatividade, responderá por crime único, devendo, no entanto, a pluralidade de verbos efetivamente praticados ser considerada na fixação da pena (art. 59 do CP).

Na hipótese, considerando o novo enquadramento legal do crime de estupro (CP, art. 213), é forçoso concluir que o apelante praticou crime único, ensejando a aplicação retroativa da Lei n. 12.015/ 09, por se tratar de norma penal mais benéfica, nos termo do art. 2º, parágrafo único, do Código Penal.

No mesmo sentido, têm se manifestado vários doutrinadores brasileiros. Observe-se, a título de exemplo:

A prática de conjunção carnal seguida de atos libidinosos (sexo anal, por exemplo) gerava concurso material dos crimes de estupro e atentado violento ao pudor (JSTF 301/ 461 e RSTJ 93/ 384). Entendia-se que o agente, nesse caso, pratica duas condutas (impedindo reconhecer-se o concurso forma) gerando dois resultados de espécies diferentes (incompatível com a continuidade delitiva). Com a Lei 12.015/ 2009 o crime de estupro passou a ser de conduta múltipla ou de conteúdo variado. Praticando o agente mais de um núcleo dentro do mesmo contexto fático, não desnatura a unidade do crime (dinâmica que, no entanto, não pode passar imune na oportunidade do art. 59 do CP).

A mudança é benéfica para o acusado, devendo retroagir para alcançar os fatos pretéritos (art. 2º, parágrafo único, do CP). Em todos os casos concretos em que o juiz (ou tribunal) reconheceu qualquer tipo de concurso de crimes (formal, material ou crime continuado) cabe agora a revisão judicial para adequar as penas, visto que doravante já não existe distinção tipológica entre o estupro e o atentado violento ao pudor. Cuida-se doravante de crime único (cabendo ao juiz, no caso de multiplicidade de atos, fazer a adequada dosagem da pena).[281]

Não obstante o referido posicionamento possa ser juridicamente sustentável, gera um problema de cunho lógico. Na prática, ocorrerá o seguinte: se o agente constranger a vítima e com ela praticar algum ato libidinoso (como, por exemplo, *apalpadelas lascivas*), pode também praticar conjunção carnal sem ser punido pelo cometimento de outro crime. Ou seja, praticando um dos atos criminosos, o autor terá acesso livre para cometer outra figura típica sem ser punido por ela, resultando apenas em fixação da pena base (artigo 59 do Código Penal) de forma distinta.

As decisões mais recentes do Tribunal catarinense são no sentido de se admitir a continuidade delitiva, vejamos:

> *Apelação criminal — crime contra a liberdade sexual — réu denunciado pela prática de estupro (CP, art. 213) e atentado violento ao pudor (CP, art. 214), este último praticado por duas vezes contra a mesma vítima — pleito de absolvição por ausência de provas (CPP, art. 386, VII) — superveniência da Lei n. 12.015/ 2009 — migração da conduta típica prevista no art. 214 ("outro ato libidinoso") para a previsão legal do delito de estupro (CP, art. 213) — fenômeno da "continuidade normativo- -típica" — subsistência da proibição da conduta — nova redação que configura tipo penal misto alternativo ante a instituição de fungibilidade das elementares (ações) — inviabilidade de condenação em concurso de crimes — prática de fatos variados que importam em um único ilícito — retroatividade da lei penal benéfica — novatio legis in mellius (CF, art. 5º, inc. XL e CP, art. 2º, par. un.) — autoria e materialidade comprovadas — possibilidade de comprovação da materialidade por meio do exame de corpo de delito indireto (CPP, art. 167) — harmonia entre as palavras da vítima e das testemunhas — dosimetria — readequação das circunstâncias judiciais (CP, art. 59) — culpabilidade e personalidade reputadas como desfavoráveis — impossibilidade — minoração devida*

---

281 CUNHA, R. S.; GOMES, L. F.; MAZZUOLI, V. O. *Op. cit.*, pp. 36-37.

— continuidade delitiva (CP, art. 71, caput) — quantidade indetermina-da de crimes — incidência da menor infração.

Sem embargo da superveniência da Lei n. 12.015/ 2009, compete acentuar que a revogação por ela promovida não implicou em aboli-ção da regra específica de conduta atinente ao atentado violento ao pudor; ao contrário, a atividade anteriormente incriminada no art. 214 do Código Penal foi expressamente contemplada no novo diplo-ma, que apenas operou o deslocamento de sua tipificação (prática de outro ato libidinoso - diverso da conjunção carnal) para a previsão do artigo 213 do CP, de ordem a caracterizar o fenômeno da continuidade normativo-típica.

Por esta razão é que não se pode cogitar de hipótese de *abolitio criminis* propriamente dita, porquanto a conduta ilícita em voga, de fato, não desapareceu, senão apenas migrou para outra hipótese legal preexistente (art. 213), à qual foi agregada a expressão "ou" e a elemen-tar relativa a prática de "outro ato libidinoso", subsistindo, portanto, como atividade proibida, porém, com uma nova roupagem, cujo efeito importa na inviabilidade de haver condenação em concurso de cri-mes (salvo se fatos distintos e separados por razoável período), por não mais constituírem delitos autônomos, mas sim condutas variadas inseridas num mesmo preceito incriminador, a ponto de caracterizar um tipo penal composto, e, portanto, regido pelo princípio da alter-natividade.

Desse modo, a propósito do princípio da reserva absoluta de lei formal em matéria penal (CF/ 88, art. 5º, XXXIX), o atributo da tipi-cidade mista alternativa é de imperioso reconhecimento no caso da sucessão legislativa em foco, uma vez que houve uma patente institui-ção de fungibilidade entre as condutas justapostas no novo art. 213 do estatuto repressivo, vislumbrada a partir de sua disposição plurinucle-ar e pelo emprego do termo "ou" — "(...) a ter conjunção carnal ou a praticar ou permitir que com ele se pratique outro ato libidinoso" —, encerrando, por isso mesmo, um conteúdo variado, mas com a restri-ção no sentido de que mesmo em havendo a prática de mais de uma das condutas descritas — numa mesma situação fática — o agente res-ponde apenas por um delito.

Assim, a Lei n. 12.015/ 2009, ao conferir nova redação ao artigo 213 do Código Penal, instituiu a tipicidade mista alternativa, cuja apli-cação repele a possibilidade de concurso de crimes entre o estupro e o atentado violento ao pudor em suas redações pretéritas, de ordem a inviabilizar a dupla punição.

Tratando-se de lei penal de caráter permanente editada posteriormente ao fato sob análise, por estar impregnada de carga normativa benéfica ao réu, deve alcançar a conduta do paciente, ainda que esta tenha se dado em momento anterior à sua vigência, em observância ao princípio da retroatividade da lei penal mais benéfica, conforme disposto na CF/ 88 em seu art. 5º, XL que determina que "a lei penal não retroagirá, salvo para beneficiar o réu" e na regra intertemporal preconizada pelo art. 2º, parágrafo único, do Código Penal, que assim dispõe: "a lei posterior, que de qualquer modo favorecer o agente, aplica-se aos fatos anteriores, ainda que decididos por sentença condenatória transitada em julgado (...)".[282]

Impende destacar que o caso transcrito acima é peculiar, pois a conjunção carnal e o coito anal se repetiram por várias vezes seguidas, e, muito embora tenham ocorrido na mesma noite, se deram em contextos fáticos distintos, o que torna ainda mais absurda a redução da reprimenda, absolutamente desproporcional à lesão causada. É em casos desse cunho que a atuação estatal mostra-se insuficiente para defender os direitos fundamentais, prevendo penas desproporcionais às condutas praticadas e violando o princípio da proibição de proteção insuficiente.

Talvez visando suprir tal deficiência, a Quinta Turma do Superior Tribunal de Justiça vinha aplicando as regras de concurso material[283] aos casos de conjunção carnal e outro ato libidinoso praticados contra a mesma vítima, vejamos:

> *Habeas corpus. Estupro e atentado violento ao pudor. Condenação pelos crimes em concurso material. Superveniência da Lei n.º 12.015/ 2009. Reunião de ambas figuras delitivas em um único crime. Tipo misto cumulativo. Cumulação das penas. Inocorrência de constrangimento ilegal. Pleito de afastamento da majorante do art. 226, inciso II, do Código Penal. Alegação de falta de descrição dos tipos penais na denúncia e ausência de comprovação dos fatos para a configuração da respectiva causa de aumento. Denúncia que narra o fato e suas circunstâncias. Necessidade de prova documental. Prescindibilidade. Vínculo de parentesco demonstrado por meio de outras provas. Ordem denegada.*

1. Antes da edição da Lei n.º 12.015/ 2009 havia dois delitos au-

---

282 Tribunal de Justiça do Estado de Santa Catarina. Apelação Criminal nº 2009.021567-7, Rel. Des. Salete Silva Sommariva, julgado em 25/08/2010.
283 Superior Tribunal de Justiça. Habeas Corpus nº 160313/SP, 78667/SP e 160288/MS; Resp n. 565430/RS.

tônomos, com penalidades igualmente independentes: o estupro e o atentado violento ao pudor. Com a vigência da referida lei, o art. 213 do Código Penal passa a ser um tipo misto cumulativo, uma vez que as condutas previstas no tipo têm, cada uma, "autonomia funcional e respondem a distintas espécies valorativas, com o que o delito se faz plural" (DE ASÚA, Jimenez, *Tratado de Derecho Penal*, Tomo III, Buenos Aires, Editorial Losada, 1963, p. 916).

2. Tendo as condutas um modo de execução distinto, com aumento qualitativo do tipo de injusto, não há a possibilidade de ser e conhecer a continuidade delitiva entre a cópula vaginal e o ato libidinoso diverso da conjunção carnal, mesmo depois de o Legislador tê-las inserido num só artigo de lei.

3. Se, durante o tempo em que a vítima esteve sob o poder do agente, ocorreu mais de uma conjunção carnal caracteriza-se o crime continuado entre as condutas, porquanto estar-se-á diante de uma repetição quantitativa do mesmo injusto. Todavia, se, além da conjunção carnal, houve outro ato libidinoso, como o coito anal, por exemplo, cada um desses caracteriza crime diferente e a pena será cumulativamente aplicada à reprimenda relativa à conjunção carnal. Ou seja, a nova redação do art. 213 do Código Penal absorve o ato libidinoso em progressão ao estupro — classificável como *praeludia coiti* — e não o ato libidinoso autônomo.

4. A denúncia acostada aos autos descreve fato criminoso com todas as circunstâncias, satisfazendo os requisitos do art. 41 do Código de Processo Penal, ou seja, ela contém a exposição do fato normativamente descrito como criminoso (em tese, portanto), e a respectiva capitulação.

5. É cediço que eventual erro na capitulação dos fatos narrados na denúncia não tem o condão de eivar de inépcia a peça acusatória, porquanto o réu defende-se dos fatos objetivamente descritos na denúncia e não da qualificação jurídica atribuída pelo Ministério Público ao fato delituoso.

6. Na hipótese, a relação existente entre o ora Paciente e a mãe da pessoa vitimada, e consequentemente seu vínculo de parentesco com a vítima restou demonstrada por outros meios de prova: depoimento do vitimado, como é de praxe nos crimes desta natureza, e confissão do acusado. Não há que se exigir, portanto, prova documental.

7. Ordem denegada.[284]

O referido entendimento foi, contudo, superado recentemente,

---

[284] Superior Tribunal de Justiça, Habeas Corpus nº 105533/PR, Rel. Min. Lautira Vaz, julgado em 16/12/2010.

com o reconhecimento da continuidade delitiva, tendo em vista se tratar, após as alterações, de crime da mesma espécie:

> *Habeas corpus. Estupro e atentado violento ao pudor. Continuidade delitiva. Reunião dos delitos em um único artigo com a edição da Lei 12.015/ 09. Possibilidade do reconhecimento da continuidade delitiva (art. 71 do CPB). Crimes da mesma espécie. Ressalva do ponto de vista do relator. Sentença condenatória transitada em julgado antes da Lei 12.015/ 09. Retroatividade que deve ser apreciada pelo juízo da execução. Súmula 611 do STF. Parecer do MPF pela denegação da ordem. Habeas corpus não conhecido. Ordem concedida, de ofício, apenas para determinar a remessa dos autos ao juízo da execução a fim de que aprecie o pedido de aplicação da lei mais benéfica, como entender de direito.*

1. Embora a Lei 12.015/ 09 tenha reunido em um único artigo as condutas delitivas anteriormente previstas em tipos autônomos (estupro e atentado violento ao pudor, respectivamente, antigos arts. 213 e 214 do CPB), a prática das duas condutas, ainda que no mesmo contexto fático, deve ser individualmente punida, somando-se as penas.

2. O art. 213 do CPB, após a alteração introduzida pela Lei 12.015/ 09, deve ser classificado como um tipo misto cumulativo, porquanto a prática de mais de uma conduta ali prevista, quando não representar ato libidinoso em progressão à prática de conjunção carnal, sem dúvida agrega maior desvalor ao fato.

3. A cópula anal ou a felação, realizadas no mesmo contexto fático que a conjunção carnal, não podem ser consideradas como um desdobramento de um só crime, pois constituem atos libidinosos autônomos e independentes da conjunção carnal, havendo, na verdade, violação a preceitos primários diversos.

4. Ainda que previstos no mesmo tipo penal, é nítida a ausência de homogeneidade na forma de execução entre a conjunção carnal e o outro ato libidinoso de penetração, porquanto os elementos subjetivos e descritivos dos delitos em comento são diversos. Destarte, considerando-se autônomas as condutas e a forma de execução, forçoso o afastamento da continuidade delitiva.

5. Entretanto, recentemente, esta Turma, quando do julgamento do REsp. 970.127/ SP, na sessão do dia 07.04.2011, concluiu pela possibilidade de reconhecimento da continuidade delitiva entre estupro e atentado violento ao pudor por serem delitos da mesma espécie.

6. *In casu*, o acórdão transitou em julgado em 16.03.2009, antes de entrar em vigor a Lei 12.015/ 09 (10.08.2009). Portanto, a retroatividade dessa Lei deve ser apreciada primeiramente pelo Juízo da Exe-

cução, nos termos da Súmula 611 do STF, que assim dispõe: transitada em julgado a sentença condenatória, compete ao Juízo das Execuções a aplicação de lei mais benigna.

7. Parecer do MPF pela denegação da ordem.

8. Habeas Corpus não conhecido. Ordem, no entanto, concedida, de ofício, para determinar a remessa dos autos ao Juízo da Execução a fim de que aprecie o pedido de aplicação da lei mais benéfica, como entender de direito.[285]

Percebe-se, pois, que diante do descuido do legislador, ao deixar pouco protegidos os direitos fundamentais, o Superior Tribunal de Justiça intentou adequar a norma penal à sua função de proteção de bens jurídicos indisponíveis. Para tanto, a Quinta Turma aplicou as regras de concurso material aos casos de conjunção carnal e outro ato libidinoso, praticados em seguida.

Entretanto, constatou-se que um Tribunal, mesmo que de superior instância, não poderia alterar a lei vigente, mormente quando baseado em fatores essencialmente éticos e morais, e adotaram-se as regras do crime continuado.

3.7.2 Artigo 217-A do Código Penal — interpretação restrita de ato libidinoso

A Lei nº 12.105/ 2009 criou o artigo 217-A (figura, na verdade, já conhecida), que prevê o crime de estupro de vulnerável, incluindo a prática de conjunção carnal ou outro ato libidinoso:

> Estupro de vulnerável
> Art. 217-A. Ter conjunção carnal ou praticar outro ato libidinoso com menor de 14 (catorze) anos:
> Pena - reclusão, de 8 (oito) a 15 (quinze) anos.
> § 1º Incorre na mesma pena quem pratica as ações descritas no caput com alguém que, por enfermidade ou deficiência mental, não tem o necessário discernimento para a prática do ato, ou que, por qualquer outra causa, não pode oferecer resistência.
> § 2º (VETADO)

---

285 Habeas Corpus n. 139334/DF, Rel. Min. Napoleão Nunes Maia Filho, julgado em 03/05/2011.

§ 3º Se da conduta resulta lesão corporal de natureza grave:
Pena - reclusão, de 10 (dez) a 20 (vinte) anos.
§ 4º Se da conduta resulta morte:
Pena - reclusão, de 12 (doze) a 30 (trinta) anos.

Impende salientar que, da mesma forma que ocorreu em relação ao revogado artigo 214, os atos enquadrados nos artigos 213 ou 214 do Código Penal, em razão da presunção de violência prevista no artigo 224 (revogado), foram meramente realocados em outro tipo penal (artigo 217-A), permanecendo o caráter criminoso da conduta.

Destaca-se, ainda, que atualmente a tipificação da conduta se encontra no artigo 217-A (estupro de vulnerável), que possui pena mais gravosa e, portanto, não pode retroagir. Nesse diapasão:

> Antes da Lei 12.015/ 2009, se o estupro ou atentado ao pudor de pessoa vulnerável fosse praticado *sem violência real*, incidia a presunção do art. 224 do CP, respondendo o agente pelo art. 213 ou 214, a depender do caso, com pena de 6 a 10 anos, não incidindo de acordo com a maioria, o aumento de ½ trazido pelo art. 9º da Lei 8.072/ 90 (evitando *bis in idem*). A nova Lei, portanto, nessa hipótese, é mais gravosa, não alcançando os fatos anteriores.[286]

Portanto, o cometimento de crime de atentado ao pudor com presunção de violência, antes do dia 10 de agosto de 2009, deve ensejar denúncia e condenação à pena prevista na antiga redação do artigo 214 do Código Penal, independentemente de ter havido sua expressa revogação.

Após tais esclarecimentos, passamos à questão central do presente trabalho: a lei não conceituou "ato libidinoso diverso da conjunção carnal", assim como no próprio artigo 213. Contudo, no caso de vítima considerada vulnerável, a questão se torna muito mais relevante.

Imaginem-se, por exemplo, as seguintes situações:

— Um professor pede que um aluno da escola primária fique em sala de aula após dispensar a turma, sob o pretexto de falar sobre uma avaliação. A criança, coagida pela superioridade hierárquica do agente, obedece à ordem e aguarda. Sozinhos na

---

286 CUNHA, R. S.; GOMES, L. F.; MAZZUOLI, V. O. *Op. cit.*, p. 51.

sala, o professor ordena que a criança (suponha-se que tenha sete ou oito anos, sem muito discernimento sobre questões de caráter sexual) tire toda a roupa e apenas a contempla, sem chegar a tocá--la em momento algum;

— Um pai telefona para o filho de cinco ou seis anos de idade, mas, em vez de lhe perguntar como foi o dia no colégio ou de quais brincadeiras a criança gostou mais, começa a falar obscenidades. Mesmo sem entender o que está acontecendo, o filho não desliga o telefone, porque está falando com o pai, que na verdade está fazendo *sexo pelo telefone* e se masturbando do outro lado da linha.

Expusemos essas duas situações hipotéticas para demonstrar que é possível atingir de forma muito grave uma vítima considerada vulnerável sem qualquer contato físico e, como no caso do telefone, até mesmo sem estar no mesmo recinto. Contudo, doutrina e jurisprudência[287] mantêm entendimento majoritário de que o ato libidinoso diverso da conjunção carnal exige contato físico entre agente e vítima (o que, especialmente diante dos avanços tecnológicos e da possibilidade de se cometer inúmeros crimes através da internet, mostra-se absurdo).

Trata-se, nesse caso, de um problema que se inicia na criminalização primária (a redação legal não é clara o bastante) e se estende à criminalização secundária (ao realizar a interpretação do artigo, con-

---

287 Em sentido contrário, destaca-se a seguinte decisão: "*Apelação criminal — atentado violento ao pudor — arguição de falta de prova — não acolhimento — autoria e materialidade comprovadas — relevância da palavra da vítima — existência de gravações telefônicas demonstrando a ocorrência dos delitos — prescindível o contato físico — provas coerentes e robustas para embasar o decreto condenatório — pleito pela aplicação da continuidade delitiva — configuração — preenchimento dos requisitos do artigo 71 do Código Penal — requerimento da exclusão do artigo 9º da lei 8.072/90 — acolhimento — recurso parcialmente provido.* 1. A autoria e a materialidade restaram sobejamente demonstradas, não havendo dúvidas de que o apelante praticou os delitos de atentado violento ao pudor contra a vítima. 2. As gravações telefônicas demonstram que o apelante praticou os abusos sexuais na vítima, o que corrobora com o depoimento da vítima prestado em Juízo. 3. O contato físico não é elemento indispensável, principalmente nas circunstâncias em que ocorreram os delitos, uma vez que a mãe da ofendida cometia os delitos sob o comando do apelante. 4. Acolhe-se o pleito pela continuidade delitiva, haja vista que os crimes ocorreram nas mesmas condições de tempo, lugar e maneira de execução, razão pela qual se aplica o artigo 71 do Código Penal. 5. Exclusão do artigo 9º da Lei nº 8.072/90, haja vista que o acréscimo de pena somente deve ocorrer quando houver lesão corporal grave ou morte." (Tribunal de Justiça do Estado do Paraná. Apelação Criminal nº 0446074-4, Rel. Des. Marcus Vinicius de Lacerda Costa, julgado em 10/04/2008.)

ferindo-lhe, não lhe extraindo sentido). A mesma crise paradigmática atinge o âmbito legislativo e o judiciário, como vimos destacando no presente estudo.

Nas situações apresentadas, fica claro que a conduta do autor visa à satisfação de sua lascívia, elemento essencial à prática do ato libidinoso, ao contrário do que parece ser, muito embora em sentido diverso do que predomina, o contato físico.

Nesse sentido, extrai-se da obra de Rogério Sanches Cunha:

> (...) não há necessidade de contato físico entre o autor e a vítima, cometendo o crime o agente que, para satisfazer a sua lascívia, ordena que a vítima explore seu próprio corpo (masturbando-se), somente para contemplação (tampouco há que se imaginar a vítima desnuda para a caracterização do crime — RT 429/ 380).[288]

Ao tratar do revogado artigo 214, Guilherme de Souza Nucci manifestou-se na mesma linha:

> Contato físico: não é indispensável. Obrigar a vítima, por exemplo, sob ameaça de arma de fogo, a despir-se para satisfazer a lascívia do agente, pode configurar o delito. (...)[289]

Imaginemos, mais uma vez, a seguinte hipótese: criança de onze anos, mal instruída pelos pais, faz *amizade* através da internet. O agente, mais velho e mais experiente, aproveita-se da inocência da vítima e lhe pede que se aproxime da *webcam,* tire a parte de cima da roupa. Sem que a criança veja, o autor começa a satisfazer sua lascívia, até o momento em que ativa também sua *webcam* e mostra o que está fazendo. São questões novas, que surgem na mesma velocidade em que a tecnologia evolui e devem ser bem analisadas, tendo em vista a gravidade da lesão. Psicologicamente (frise-se: não estamos falando de moral), a criança pode ser muito afetada por se expor dessa forma a um agressor.

No entanto, poucas são as manifestações no sentido de que não é necessário o contato físico para caracterizar a prática de ato libidinoso;

---

288 CUNHA, Rogério Sanches. *Direito Penal – Parte Especial.* São Paulo: Revista dos Tribunais, 2009, p. 234.
289 NUCCI, Guilherme de Souza. *Código Penal comentado.* São Paulo: Revista dos Tribunais, 2009, p. 882.

talvez, fazendo uma análise menos passional do tipo penal, possamos perceber que os doutrinadores e os operadores do Direito, ao defenderem a aplicação das penas do artigo 217-A (antigo 214), estão tentando corrigir uma lacuna deixada pelo Poder Legislativo fazendo suas vezes, o que também não é adequado.

Configura-se, assim, situação semelhante à que vinha ocorrendo na Quinta Turma do Superior Tribunal de Justiça, quanto ao reconhecimento do concurso material, quando o agente praticava conjunção carnal e outro ato libidinoso com a vítima no mesmo contexto fático.

Diante disso, muito embora seja quase instintivo que se procure uma alternativa à abstenção estatal, não há como negar que é violado o princípio da proibição de proteção insuficiente.

4. Considerações finais

Neste trabalho, buscamos demonstrar a dupla face dos direitos fundamentais e do princípio da proporcionalidade, cuja aplicação deve se estender ao Direito Penal.

Não ignoramos que é muito questionado o próprio espaço concedido ao Direito Penal no Estado Democrático de Direito; todavia, mostra-se inócuo discutir algo impossível de ser alterado dentro do ordenamento atual.

Por conseguinte, uma vez que a função do Direito Penal no Estado Democrático de Direito brasileiro é a proteção dos bens jurídicos fundamentais (materialmente considerados como tais) por meio da preservação de valores de caráter ético-social, devem-se buscar os limites da possibilidade de aplicação dos princípios da proibição do excesso de proibição e da proteção deficiente, com a consciência da problemática existente quanto ao duplo viés dos direitos fundamentais e sua repercussão na criminalização — tanto primária quanto secundária — de condutas.

A legislação brasileira e sua interpretação pelos operadores do Direito, especialmente no que diz respeito aos crimes sexuais, demonstra que existe um abismo entre alguns tipos penais, indo da criminalização de condutas apenas repelidas por parte mais tradicional e conservadora da sociedade até a punição insuficiente de condutas que agridem gravemente o bem jurídico tutelado. Aliás, até mesmo no título do Código Penal em que se inserem os crimes em apreço é possível vislumbrar ofensa ao princípio da proporcionalidade: trata-se de item específico, que tutela a dignidade sexual, não a pessoa. Considerando o caráter patrimonialista que apresenta a legislação penal brasileira, não se poderia esperar algo muito diferente.

Podemos concluir, à luz de todo o exposto, que o ordenamento jurídico brasileiro, notadamente no que concerne aos crimes sexuais (seja no Código Penal, seja na legislação esparsa), apresenta contradições inescusáveis, ora optando por proteger os *bons costumes*, ora ocupando internamente o operador do Direito o lugar do acusado, aplicando penas incompatíveis com a lesão causada.

Dessa forma, desrespeitam-se os princípios da proibição de proteção deficiente e de excesso de proibição em situações distintas, sem manter sequer a coerência no exercício do poder punitivo estatal, sendo necessário promover alterações nos âmbitos legislativo e judiciário para suprir as deficiências da atuação do Estado, dentro da noção de Estado Democrático de Direito.

Referências bibliográficas

ALAGIA, A.; BATISTA, N.; SLOKAR, A.; ZAFFARONI, E. R. *Direito penal brasileiro: primeiro volume – teoria geral do direito penal*. Rio de Janeiro: Revan, 2003.

ALEXY, R. *Teoria dos direitos fundamentais*. Trad. Virgílio Afonso da Silva. São Paulo: Malheiros, 2008.

ALIMENA, C. M. *A tentativa do (im)possível: feminismos e criminologias*. Rio de Janeiro: Lumen Juris, 2010.

ALLARD, J.; GARAPON, A. *Os juízes na mundialização: a nova revolução do direito*. Trad. Rogério Alves. Lisboa: Instituto Piaget, 2006.

AMARAL, A. J. do. *Violência e Processo Penal: crítica transdisciplinar sobre a Limitação do Poder Punitivo*. Rio de Janeiro: Lumen Juris, 2008.

ANDRADE, L. R. de. *Violência: psicanálise, direito e cultura*. Campinas: Millennium, 2007.

_____. *Direito penal diferenciado*. Florianópolis: Conceito Editorial, 2009.

ANDRADE, V. R. P. de. *A ilusão de segurança jurídica: do controle da violência à violência do controle penal*. Porto Alegre: Livraria do Advogado, 1997.

_____. *Dogmática Jurídica: escorço de sua configuração e identidade*. Porto Alegre: Livraria do Advogado, 1996.

_____. "Fragmentos de uma grandiosa narrativa: homenagem ao peregrino do humanismo". In: ANDRADE, V. R. P. de (org.). *Verso e reverso do controle penal: (des)aprisionando a sociedade da cultura punitiva: homenagem a Alessandro Baratta*. Florianópolis: Fundação Boiteux, 2002.

_____; BARATTA, A.; STRECK, L. L. *Criminologia e feminismo*. Porto Alegre: Sulina, 1999.

ARANTES, R. B. In: POGREBINSCHI, T. *Judicialização ou representação? Política, direito e democracia no Brasil*. Rio de Janeiro: Elsevier, 2011.

BARATTA, A. *Criminologia Crítica e Crítica do Direito Penal*. 3ª ed. Rio de Janeiro: Revan, 2002.

BADIOU, A. *De um desastre oscuro: sobre el fin de la verdad de Estado*. Buenos Aires: Amorrortu, 2006.

BATISTA, N. "Os sistemas penais brasileiros". In: ANDRADE, V. R. P. de (org.). *Verso e reverso do controle penal: (des)aprisionando a sociedade da cultura punitiva: homenagem a Alessandro Baratta*. Florianópolis: Fundação Boiteux, 2002.

BAUMAN, Z.; AGAMBEN, G. *Archipiélago de excepciones*. Buenos Aires: Katz, 2005.

BECCARIA, C. *Dos delitos e das penas*. São Paulo: Martin Claret, 2003.

BITENCOURT, C. R. *Tratado de direito penal*. Parte Geral 1. São Paulo: Saraiva, 2009.

BOBBIO, N. *A Era dos Direitos*. Tradução de Carlos Nelson Coutinho. Rio de Janeiro: Campus, 1992.

BONAVIDES, P. *Curso de Direito Constitucional.* São Paulo: Malheiros, 2003.

BONORINO, P. R. *Objetividad y verdad en el derecho.* Bogotá: Universidade Externado de Colômbia, 2002.

BOTTINI, P. C.; MENDES, G. F.; PACELLI, E. (Coord.). *Direito penal contemporâneo.* São Paulo: Saraiva, 2011.

BRANCO, P. G. G.; COELHO, I. M.; MENDES, G. F. *Curso de direito constitucional.* São Paulo: Saraiva, 2009.

BRASIL. *Código de Ética da Magistratura Nacional.* Disponível em:
<http://www.cnj.jus.br/codigo-de-etica-da-magistratura> Acesso em: 13 jul 2011.

_____. *Constituição da República Federativa do Brasil de 1988.* Disponível em:
<http://www.planalto.gov.br/ccivil_03/Constituicao/Constituiçao.htm> Acesso em: 14 mar 2011.

_____. *Decreto-Lei 2.848*, de 07 de Dezembro de 1940. Disponível em:
<http://www.planalto.gov.br/ccivil_03/Decreto-Lei/Del2848.htm> Acesso em: 14 mar 2011.

_____. *Decreto-Lei 3.689*, de 03 de Outubro de 1941. Disponível em:
<http://www.planalto.gov.br/ccivil_03/Decreto-Lei/Del3689.htm> Acesso em: 14 mar 2011.

_____. *Lei 8.069*, de 13 de julho de 1990. Disponível em <http://www.planalto.gov.br/ccivil_03/Leis/L8069.htm> Acesso em: 14 mar 2011.

CADEMARTORI, S. *Estado de Direito e Legitimidade*. 2.ed. Campinas: Millennium, 2007.

CANOTILHO, J. J. G. *Direito Constitucional e Teoria da Constituição*. Coimbra: Almedina, 1999.

CARBONELL, M. "El neoconstitucionalismo en su laberinto". In: CARBONELL, M. (Org.) *Teoría del neoconstitucionalismo. Ensayos escogidos*. Madrid: Trotta, 2007.

CARVALHO, S. *Antimanual de Criminologia*. Rio de Janeiro: Lumen Juris, 2009.

CASTRO, C. R. S. *A Constituição Aberta e os Direitos Fundamentais: Ensaios sobre o Constitucionalismo Pós-Moderno e Comunitário*. Rio de Janeiro: Forense, 2003.

COMPARATO, F. K. *A afirmação histórica dos direitos humanos*. São Paulo: Saraiva, 2010.

_____. *Ética: direito, moral e religião no mundo moderno*. São Paulo: Companhia das Letras, 2006.

CRETELLA JÚNIOR, J. *Curso de direito romano*. Rio de Janeiro: Forense, 1987.

CUNHA, E. L. *Indivíduo singular plural: a identidade em questão*. Rio de Janeiro: 7Letras, 2009.

CUNHA, R. S. *Direito Penal – Parte Especial*. São Paulo: Revista dos Tribunais, 2009.

_____; GOMES, L.; MAZZUOLI, V. O. *Comentários à reforma criminal de 2009 e à Convenção de Viena sobre o Direito dos Tratados*. São Paulo: Editora Revista dos Tribunais, 2009.

CUNHA MARTINS, R. *O ponto cego do Direito: The Brazilian Lessons.* Rio de Janeiro: Lumen Juris, 2010.

DALLARI, D. A. *Elementos de Teoria Geral do Estado.* São Paulo: Saraiva, 1998.

DIAS, M. T. F.; GUSTIN, M. B. S. *(Re)pensando a pesquisa jurídica.* Belo Horizonte: DelRey, 2002.

DIVAN, G. A. *Decisão judicial nos crimes sexuais: o julgador e o réu interior.* Porto Alegre: Livraria do Advogado, 2010.

DOUGLAS, Mary. *Pureza e Perigo. Ensaio sobre as noções de Poluição e Tabu.* Lisboa: Edições 70 , 1991.

DWORKIN, R. *Domínio da vida: aborto, eutanásia e liberdades individuais.* São Paulo: Martins Fontes, 2003.

_____. *Uma questão de princípio.* Trad. Luís Carlos Borges. São Paulo: Martins Fontes, 2000.

FENICHEL, O. *Teoria psicanalítica das neuroses.* São Paulo: Atheneu, 2000.

FELDENS, L. *Direitos fundamentais e direito penal.* Porto Alegre: Livraria do Advogado, 2008.

_____; STRECK, L. L. *Crime e Constituição.* Rio de Janeiro: Forense, 2006.

FERRAJOLI, L. "Constitucionalismo garantista e neoconstitucionalismo". In: *IX Simpósio Nacional de Direito Constitucional.* Curitiba: Academia Brasileira de Direito Constitucional, 2010.

_____. *Derechos y Garantías. La Ley del más débil.* Trad. Perfecto Andrés Ibáñez e Andrea Greppi. Madrid: Trotta, 2004.

_____. *Por uma teoria dos direitos e dos bens fundamentais*. Porto Alegre: Livraria do Advogado, 2011.

FERRI, E. *Princípios de direito criminal: o criminoso e o crime*. Campinas/SP: Russell Editores, 2009.

FOUCAULT, M. *Vigiar e Punir: nascimento da prisão*. Trad. Raquel Ramalhete. Petrópolis/RJ: Editora Vozes, 2003.

GADAMER, H. *Verdade e método*. Petrópolis/RJ: Editora Vozes, 2008.

GIORGI, A. De. *A miséria governada através do sistema penal*. Trad. Sérgio Lamarão. Rio de Janeiro: Revan, 2006.

GODOY, A. S. M. *Introdução ao Movimento Critical Legal Studies*. Porto Alegre: Sergio Fabris, 2005.

GOMES, L. F.; MOLINA, A. G. de. *Direito penal: parte geral*. São Paulo: Revista dos Tribunais, 2009.

_____. *Criminologia*. São Paulo: Revista dos Tribunais, 2008.

GOMES, M. A. M. *Princípio da proporcionalidade e extinção antecipada da pena*. São Paulo: Lumen Juris, 2008.

_____; PINHO, A. C. B. de. "Impronúncia: uma nódoa inquisitiva no processo penal brasileiro". In: *Ciências Criminais. Articulações críticas em torno dos 20 anos da Constituição da República*. Rio de Janeiro: Lumnes Juris, 2009.

GOMES, M. G. M. *O princípio da proporcionalidade no Direito Penal*. São Paulo: Revista dos Tribunais, 2003.

GRAZIANO SOBRINHO, S. F. C. *Globalização e Sociedade de Controle: a cultura do medo e o mercado da violência*. Rio de Janeiro: Lumen Juris, 2010.

GRECO, R. Adendo. *Lei nº 12.015/ 2009: Dos crimes contra a dignidade sexual*. Niterói/RJ: Impetus, 2009.

GRIMM, D. *Constitucionalismo y derechos fundamentales*. Trad. Raúl Sanz Burgos e José Luiz Muñoz de Baena Simón. Madrid: Trotta, 2006.

HARTMANN, E. O. *A parcialidade do controle jurisdicional da motivação das decisões*. Florianópolis: Conceito, 2010.

HEIDEGGER, M. *Meditação*. Petrópolis/RJ: Editora Vozes, 2010.

_____. *Que é isto – a filosofia?: Identidade e diferença*. Petrópolis/RJ: Editora Vozes; São Paulo: Livraria Duas Cidades, 2009.

_____. *Sobre a questão do pensamento*. Petrópolis/RJ: Editora Vozes, 2009.

HONNETH, A. *Luta por reconhecimento: a gramática moral dos conflitos sociais*. Trad. Luiz Repa. São Paulo: Editora 34, 2008.

JAKOBS, G. *A imputação objetiva no direito penal*. São Paulo: Revista dos Tribunais, 2010.

KARAM, M. L. "A esquerda punitiva". In: *Discursos Sediciosos*, Rio de Janeiro, n. 1, 1996.

_____ (org.). *Globalização, Sistema Penal e Ameaças ao Estado Democrático de Direito*. Rio de Janeiro: Lumen Juris, 2005.

LAKATOS, E. M. & MARCONI, M. A. *Metodologia do Trabalho Científico*. São Paulo: Atlas, 2007.

LEÃO, N. C. "Direitos fundamentais, garantias constitucionais e processo penal". In: *Revista do Conselho Nacional de Política Criminal e Penitenciária*, v. 1, nº 12, jul. 1998 a dez. 1999.

LISZT, F. von. *Tratado de Direito Penal Allemão*. Tomo I. Rio de Janeiro: F. Briguiet & C., 1899.

_____. *Tratado de Direito Penal Allemão*. Tomo II. Rio de Janeiro: F. Briguiet & C., 1899.

LUDWIG, C. L. *Para uma filosofia jurídica da libertação: paradigmas da filosofia, filosofia da libertação e direito alternativo*. Florianópolis: Conceito, 2006.

LYRA FILHO, R. *A Filosofia Jurídica nos Estados Unidos da América: revisão crítica*. Porto Alegre: Sérgio Fabris, 1977.

MACHADO, L. A. *Direito criminal: parte geral*. Rio de Janeiro: Lumen Juris, 2008.

MACHADO, M. T. *Proibições de excesso e proteção insuficiente no direito penal. A hipótese dos crimes sexuais contra crianças e adolescentes*. São Paulo: Verbatim, 2008.

MARRAFON, M. A. *O caráter complexo da decisão em matéria constitucional*. Rio de Janeiro: Lumen Juris, 2010.

MARRAMAO, G. *Poder e secularização: as categorias do tempo*. Trad. Guilherme Alberto Gomes de Andrade.

MARTINS NETO, J. P. *Direitos fundamentais: conceito, função e tipos*. São Paulo: Revista dos Tribunais, 2003.

_____. *Fundamentos da liberdade de expressão*. Florianópolis: Insular, 2008.

_____. "Noções preliminares de uma teoria jurídica das liberdades". In: *Revista Sequência*, n. 53, dez. 2006.

MEZZAROBA, O.; MONTEIRO, C. S. *Manual de Metodologia da Pesquisa do Direito*. São Paulo: Saraiva, 2003.

MIGLINO, A. *Il colore della democrazia*. Roma: MCR Editrice, 2006.

MIRANDA, J. *Teoria do Estado e da Constituição*. Rio de Janeiro: Forense, 2009.

MIRANDA COUTINHO, J. N. de; CASTANHO DE CARVALHO, L. G. G. (orgs). *O Novo Processo Penal à Luz da Constituição*. Rio de Janeiro: Lumen Juris, 2010.

MORAIS DA ROSA, A. *Direito infracional: Garantismo, Psicanálise e Movimento Anti Terror*. Florianópolis: Habitus, 2005.

_____. *Garantismo Jurídico e Controle de Constitucionalidade Material*. Rio de Janeiro: Lumen Juris, 2005.

_____. *Decisão Penal: a bricolage de significantes*. Rio de Janeiro: Lumen Juris, 2006.

_____. *Jurisdição do real x controle penal: direito & psicanálise, via literatura*. Petrópolis: KBR, 2011.

_____. "Mais além do Ocidente: entre o Direito e o Dever de Salvação". In: MIRANDA COUTINHO, J. N. de (org). *Direito e Psicanálise: Interseções e Interlocuções a partir de "O Caçador de Pipas" de Hjaled Housseini*. Rio de Janeiro: Lumen Juris, 2009.

_____; SILVEIRA FILHO, S. L. da. *Para um processo penal democrático: crítica à metástase do sistema de controle social*. Rio de Janeiro: Lumen Juris, 2009.

_____; CARVALHO, T. F. de. *Processo Penal Eficiente e Ética da Vingança*. Rio de Janeiro: Lumen Juris, 2010.

NUCCI, G. S. *Código Penal comentado*. São Paulo: Revista dos Tribunais, 2009.

_____. *Crimes contra a dignidade sexual: comentários à Lei 12.015, de 7 de agosto de 2009*. São Paulo: Editora Revista dos Tribunais, 2009.

OLIVEIRA, R. T. de. *Decisão Judicial e o conceito de princípio*. Porto Alegre: Livraria do Advogado, 2008.

OLIVEIRA, O. M. B. A. de. *Monografia Jurídica: orientações metodológicas para o trabalho de conclusão do curso*. Rev. Porto Alegre: Síntese, 2003.

ORGANIZAÇÃO DAS NAÇÕES UNIDAS. *Declaração Universal de Direitos Humanos*. Disponível em:
<http://portal.mj.gov.br/sedh/ct/legis_intern/ddh_bib_inter_universal.htm> Acesso em: 7 nov 2010.

PANDJIARJIAN, V.; PIMENTEL, S.; SCHRITZMEYER, A. L. P. *Estupro: crime ou "cortesia"? Abordagem sociojurídica de gênero*. Porto Alegre: Sergio Antonio Fabris Editor, 1998.

PHILIPPI, J. N. *A lei: uma abordagem a partir da leitura cruzada entre Direito e Psicanálise*. Belo Horizonte: Del Rey, 2001.

PIERANGELI, J. H.; ZAFFARONI, E. R. *Manual de direito penal brasileiro*. Parte Geral. São Paulo: Revista dos Tribunais, 1999.

PINHO, A. C. B. P. *In dubio pro societate x Processo penal garantista*. Disponível em:

<http://www.direitocriminal.com.br>. Acesso em: 19 ago. 2011.

PRADO FILHO, K. *Michel Foucault: uma história da governamentalidade*. Florianópolis: Insular, 2006.

RAMOS, E. S. *Ativismo judicial. Parâmetros dogmáticos*. São Paulo: Saraiva, 2010.

ROMAN BORGES, C. M. *Jurisdição Penal e Normalização*. Florianópolis: Conceito, 2010.

ROXIN, C. *A proteção dos bens jurídicos como função do Direito Penal*. Porto Alegre: Livraria do Advogado, 2009.

_____. "A teoria da imputação objetiva". In: *Revista Brasileira de Ciência Criminais*. n. 38. abr-jun/2002.
_____. *Estudos de direito penal*. Rio de Janeiro: Renovar, 2008.

_____. "Finalismo: um balanço entre seus méritos e deficiências". In: *Revista Brasileira de Ciências Criminais*. n. 65. mar-abr/ 2007.

SANCHIS, L. P. "Neoconstitucionalismo y Ponderación Judicial". In: *(Neo)constitucionalismos*. Org. Miguel Carbonell. Madrid: Trotta, 2003.

SANTOS, J. C. dos. *Direito penal : parte geral*. Curitiba: ICPC; Lumen Juris, 2008.

SARLET, I. W. *A Eficácia dos Direitos Fundamentais*. Porto Alegre: Livraria do Advogado, 2001.

_____. *Dignidade da pessoa humana e direitos fundamentais na Constituição da República Federativa do Brasil de 1988*. Porto Alegre: Livraria do Advogado, 2006.

_____. *Dimensões da Dignidade: Ensaios de Filosofia do Direito e*

Direito Constitucional. Porto Alegre: Livraria do Advogado, 2005.

_____. "Direitos Fundamentais e Proporcionalidade: notas a respeito dos limites e possibilidades de aplicação das categorias da proibição de excesso e de insuficiência em matéria criminal". In: *Revista da Ajuris*, v. 35, nº 109, mar. 2008.

SILVA, J. A. da. *Curso de Direito Constitucional Positivo*. São Paulo: Malheiros. 2006.

SILVA SÁNCHEZ, J. *Eficiência e direito penal*. Trad. Mauricio Antonio Ribeiro Lopes. Barueri: Manole, 2004.

SILVEIRA, R. M. J. *Crimes sexuais: bases críticas para a reforma do direito penal sexual*. São Paulo: Quartier Latin, 2008.

SOUZA, R. T. de. *Justiça em seus Termos: dignidade humana, dignidade do mundo*. Rio de Janeiro: Lumen Juris, 2010.

SPENGLER, F. M.; BRANDÃO, P. T. (org.) *Os (des)caminhos da Jurisdição*. Florianópolis: Conceito, 2010.

STEIN, E. *Racionalidade e existência: o ambiente hermenêutico e as ciências humanas*. Ijuí: Unijuí, 2008.

STRECK, L. L. *Bem jurídico e Constituição: da proibição de excesso (Übermassverbot) à proibição de proteção deficiente (Untermassverbot) ou de como não há blindagem contra normas penais inconstitucionais*.
Disponível em:
<http://leniostreck.com.br/index.php?option=com_docman&Itemid=40>. Acesso em 25 mar 2011.

_____. "O dever de proteção do Estado (Schutzpflicht): o lado esquecido dos direitos fundamentais ou 'qual a semelhança entre os crimes de furto privilegiado e o tráfico de entorpecentes'?"
Disponível em:

<http://leniostreck.com.br/index.php?option=com_docman&Itemid=40>. Acesso em 20 ago. 2009.

_____. *O que é isto – decido conforme minha consciência?* Porto Alegre: Livraria do Advogado, 2010.

_____. *Verdade e Consenso. Constituição, Hermenêutica e Teorias Discursivas. Da Possibilidade à necessidade de respostas corretas em Direito.* Rio de Janeiro: Lumen Juris, 2009.

STRECK, M. L. S. *A face oculta da proteção dos direitos fundamentais.* Porto Alegre: Livraria do Advogado, 2009.

SUSINI, M. *Elogio da Corrupção: os incorruptíveis e seus corruptos.* Trad. Procópio Abreu. Rio de Janeiro: Companhia de Freud, 2010.

VIANNA, T. *Transparência Pública, Opacidade Privada: o direito como instrumento de limitação do poder na sociedade de controle.* Rio de Janeiro: Revan, 2007.

WARAT, L. A. *A rua grita Dionísio! Direitos humanos da alteridade, surrealismo e cartografia.* Rio de Janeiro: Lumen Juris, 2010.

WELZEL, H. *O novo sistema jurídico-penal: uma introdução à doutrina da ação finalista.* São Paulo: Revista dos Tribunais, 2009.

ZAFFARONI, E. R. *Derecho Penal: Parte General.* Buenos Aires: Ediar, 2002.

_____. *Em busca das penas perdidas: a perda da legitimidade do sistema penal.* Rio de Janeiro: Revan, 2001.

_____. *O inimigo no direito penal.* Rio de Janeiro: Revan, 2007.

ZAGREBELSKY, G. *A crucificação e a democracia.* São Paulo: Saraiva, 2011.

ZIZEK, S. *Bem-vindo ao deserto do Real!: cinco ensaios sobre o 11 de Setembro e datas relacionadas.* São Paulo: Boitempo Editorial, 2003.

_____. *Violência.* Trad. Miguel Serras Pereira. Lisboa: *Relógio D'Água,* 2008.

Esta obra foi composta em Minion 11/14.
Impressa com miolo em off-set 75g por Createspace/ Amazon.

www.ingramcontent.com/pod-product-compliance
Lightning Source LLC
Chambersburg PA
CBHW060024210326
41520CB00009B/989